英国食文化から
人気ティールーム、パブのレシピまで

四季を彩る

英国菓子とパン、
ときどき
アフタヌーンティー

小関由美

はじめに

～すべての食べ物に愛を～

イギリスの食文化を紹介するとなると、
どうしてもアフタヌーンティーのような
貴族やロイヤルの文化、ということになりがちです。
しかしイギリスにも庶民はいるわけで、
そうした庶民の文化も同時にお伝えしたい、というのが今回の本の主旨です。
というのは、私がほんの少しロンドンに住んだときは貧乏な学生で、
どっぷりと庶民の生活だったわけです。

その後日本に戻り、
取材とアンティークの買いつけでイギリスに行くようになってから、
高級レストランや高級ホテルなどを知ることに。

暮らしていたときとはまた違うイギリスにふれることができました。
私はすべての食べ物に対して愛があるので、
イギリスでもジャンクフードから高級レストランまで、
いろいろなイギリスでの食を楽しみたい！　と、いつも思っています。

この本はそんな私が英国のお菓子やパン、
アフタヌーンティーや英国料理など、
カジュアルでリーズナブルなものから、
高級料理や高級レストランなどをご紹介しています。

いつも私の好奇心を刺激してくれる国、イギリス。
あなたはどんなイギリスがお好きですか？

2024年3月

小関由美

目次

秋

Autumn

冬

Winter

GAIL's

CHEF & BREWER

British Sweets and Bread

Spring

春

イギリス好き、カスタード好き

イギリスでは春に「ブルーベル」という、青い小さな鈴のような花がシーズンを迎えます。日本のサクラのように、イギリスの春を代表する花で、ウォーキングがてら森の奥に群生しているブルーベルを見に行ったことがあります。日本でイギリスの夢を見たりすると、早く行きたい気持ちをつのらせながら、ブルーベルの写真を眺めます。

イギリスのブルーベル。

そんなときには、イギリスを思い出すお菓子を作ったり、食べたり。なんでこんなに、イギリスのお菓子が好きなんだろう？　と考えたら、思い浮かんだのが私の大好物、カスタード。イギリスではお菓子やデザートにカスタードはかかせません。フランスでも「アングレーズ・ソース」（イギリス風ソース）と呼ばれるほど、カスタードといえばイギリス！　なのです。

イギリス好き、カスタード好き

もともと母がカスタードたっぷりのシュークリームが大好きで、母が洋菓子店へ行くといつもシュークリームばかり買ってきました。お菓子作りもシュークリームだけで、オーブンの天板についたシュークリームの丸いこげ跡を今でもおぼえています。

そんな母の影響を受けたのか、いつのまにか私もシュークリーム、とくにカスタード好きに。イギリスのお菓子を好きになったのも、イギリスではカスタードがとてもポピュラーな存在だったことが大きいと思います。

そういえば、イギリス料理はまずいとよくいわれますが、今はそんなことはありません。私が住んでいた頃は茹ですぎの野菜、アルデンテってなに？　というパスタ、味のないシチューなどに出会うこともありました。たしかにおいしくはなかったのですが、「これがあの料理？　うわさのとおり

鳥のマークが目印のバーズカスタード。取っ手がついたグラスは「カスタードカップ」といい、カスタードが飲み物だった時代のアンティーク。

だ！」と、イギリス文化をおもしろく体感しました。

それよりも主食といえるジャガイモのおいしさ、日本では食べたことのなかった美味なラム肉、本場のローストビーフ、そして紅茶やスコーンなどの英国菓子。食いしん坊の私は、好奇心いっぱいにイギリスの食を楽しみました。それはイギリスを離れ、日本に住む今も変わりません。

ヴィクトリア朝時代の発明品、インスタントカスタード

日本でカスタードというとカスタードプリンやシュークリームなどの固いイメージですが、イギリスではソースとして使い、さらっとしているものが一般的です。意外と甘さ控えめなので、冷たいパイやケーキに温かいカスタードソースをたっぷりかけていただきます。

ハロウィーンのアフタヌーンティーセットで提供されたトライフル。

イギリスのスーパーマーケットに行くと、赤と黄色、青の3色のパッケージのインスタントカスタード「バーズ」をよく見かけます。1837年ヴィクトリア朝時代に、卵アレルギーだった奥さんのために、薬剤師のバード氏が発明した卵不使用のカスタードです。お湯または牛乳と砂糖があれば手軽にできるので、私は日本でも使っています。

カスタードの歴史は古代ローマ時代、ハチミツ、牛乳、卵を混ぜたものにコショウをふりかけ、焼き固めたものが始まりだとか。中世ヨーロッパの頃に現在のようなカスタードになり、17〜19世紀頃にイギリス式のカスタードが生まれました。この頃にはベイクドカスタードという、日本のプリンに近いレシピが、当時の料理本に載っているそうです。

トライフルには たっぷりのカスタードを

カスタードソースはパイやケーキ、プディング（生地を蒸し焼きにした、古典的なイギリス菓子）にかけて食べる以外にも、デザートにもよく使われます。代表的なのが、トライフルです。「ささやかなもの」「つまらないもの」など、ちょっとネガティブな名前のデザートですが、イギリスの家庭によくある材料で作るからでしょう。

主な材料はスポンジケーキとホイップクリームとフルーツ。カスタードはマストでたっぷりと用意します。あとはお好みですが、以前は缶詰の「フルーツカクテル」をよく使いました。実はこのトライフル、私は長いこと食べず嫌いでした。というのも、フルーツカクテルのシロップをスポンジケーキ

珍しいアールデコデザインのカスタードカップ。丸い持ち手が特徴です。

に染み込ませた、柔らかいスポンジが苦手だったからです。

しかしある日、イギリスの友人宅でごはんをごちそうになったときに、おすすめのデザートといって出てきたのが、大きなトライフル。せっかく用意してくれたのに申し訳ないので一口いただいたら、スポンジがびしょびしょじゃない！　友人に聞いてみると「Tescoというスーパーマーケットのオリジナル・ブランドのトライフルは、スポンジが乾いているので気に入ってる」とのことでした。トライフルにもいろいろあるんだと、このとき知ってから好きになりました。

現在ではフルーツカクテルよりも、イチゴやベリー類などのフレッシュフルーツを使うことが多くなりました。大きなガラスのボウルいっぱいに作って、スプーンでとり分けて食べる家庭のデザートですが、ひとり用もあります。ロンドンの英国王室御用達ホテル「ザ・ゴーリング」のアフタヌーンティーでは、小さなグラスに入ったシェリートライフルが出てきました。

プラスティックカップに、イチゴのゼリーを敷き詰め、それが固まるのを待っている状態。

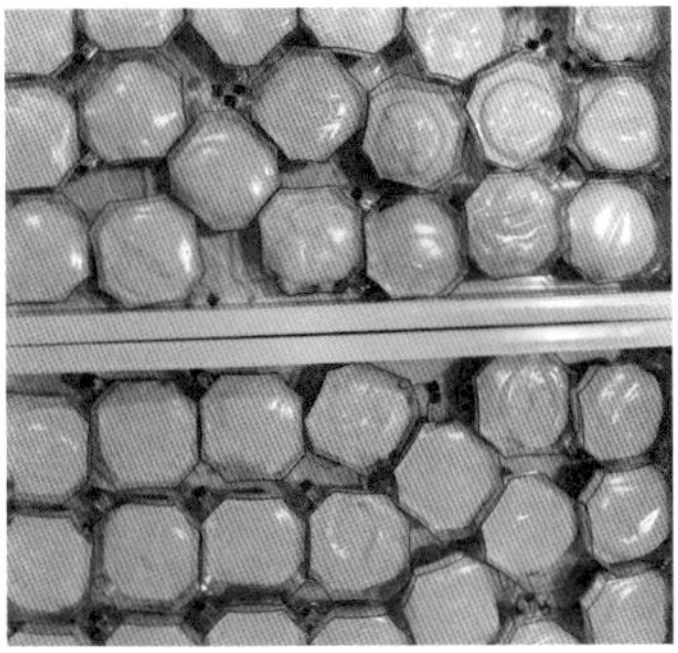
ゼリーの上に自作のスポンジケーキを乗せて、カスタードを敷きました。ここまで前日に作り、当日ホイップクリームをこの上に。

紅茶教室で講座をしたときに、トライフルを私が作り、食べていただいたことがあります。最初は市販のカステラやスポンジケーキを使って簡単に作るつもりが、なかなかに苦戦。市販品だと甘すぎました。そのまま食べるのにはいいのですが、スポンジ、クリーム、カスタードその他、甘い材料を層になるように重ねるので、それぞれを甘さ控えめにしないと、重たい甘さになってしまいます。

結局自分でスポンジケーキを焼き、もちろんカスタードはたっぷりと。ソース状だと上に乗せるホイップクリームが沈んでしまうので、やや固めに。フレッシュなイチゴゼリーを底に敷いて、試作品も含めて100個近く作りました。

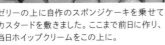

イギリスの発明、サンドイッチの今と昔

　イギリスに春が訪れたと最初に思うのは、サマータイムが始まる3月の最終日曜日。時計を1時間進め、日本との時差が8時間になります。そしてラッパスイセンがいっせいに咲き始める頃にはイースターがあり、5月にイギリスの祝日、バンクホリデーが始まると、屋外のイベントが続きます。バンクホリデーとは、イギリスの銀行の休業日から始まった祝日で、月曜日が祝日になり連休となります。

　この季節を待ちわびていたイギリス人たちは、まだ肌寒くても外で多くの時間を過ごします。まずは、近所の公園でピクニック。そんなときに欠

かつてサンドイッチバーで使われていた、サンドイッチのフィリングを表示したピック&ライ麦の自家製スモークサーモンサンドイッチと、エリザベス女王の紋章が入ったランチョンマット。

イギリスの有名ブランド「スポード」のサンドイッチプレート。

かせないのが、サンドイッチです。

キュウリのティーサンドイッチ

18世紀、サンドイッチ伯爵がカードゲームの最中に食事をするのがめんどうで、「ハンディで食べられるものを」と作られたのがサンドイッチ、という説が一般的ですが、サンドイッチ伯爵はとてもまじめで、多忙な仕事のあいまの食事としてサンドイッチが生まれた、ともいわれています。

イギリスのサンドイッチといえば、有名なのがキュウリのサンドイッチ。エリザベス女王のお気に入りでもありました。しかし、一般的なイギリスのサンドイッチショップには売っていません。「ティーサンドイッチ」と呼ばれる、アフタヌーンティーのときに出される、上品な一口サンドイッチのフィリングなのです。作り方はとっても簡単ですが、特徴はマヨネーズでなく、バターを使うこと。

私がこのサンドイッチを初めて知ったのは、伊丹十三の本『女たちよ!』（新潮社）から。彼は俳優だった若い頃、映画撮影のためにイギリスに長期滞在していたときにこのサンドイッチを気に入り、よく食べたそうです。「サンドイッチバー」というサンドイッチ専門店では「ホワイト・オア・ブラウン?」と、まず食パンを選ぶところから始まる、ということもこの本で知り、いつかは現地のサンドイッチバーに行ってみたい、と憧れた

ヨークの有名店「ベティーズ」で食べたアフタヌーンティーには、キュウリのサンドイッチが。

イギリスで久しぶりに見かけた、サンドイッチバーの店内。

高級サンドイッチショップ、プレタ・マンジェの清潔な店内。

町のいたるところにあり、サンドイッチだけでなくジュースもおすすめ。

ものです。

私がロンドンに住んだときに、初めてサンドイッチバーを訪れてみると、パンの種類だけでなく、具材やドレッシングの種類、またはあるなしを早口の英語で立て続けに聞かれ、ギブアップ。スーパーマーケットで売られている、既製のサンドイッチをよく食べました。それでも十分おいしく、フィリングが多種多様で、日本のサンドイッチのようにマヨネーズを多用せず、ときとして味つけもなく具材の味ののものも多い、ということも知りました。

大人気店「プレタ・マンジェ」

気がついたら、いつのまにかサンドイッチバーは見かけなくなりました。そのかわりにチェーン店のサンドイッチショップが、日本のコンビニなみに町のいたるところにあり、繁盛しています。いくつか有名店がありますが、私のお気に入りは「プレタ・マンジェ」。フランス語で「できたての料理」という意味だそうで、オーガニック食材を使った、手作りのおいしい高級サンドイッチです。

1984年に開店したこのお店は、1990年代のイギリスの好景気後に起こったグルメブームの波に乗り、あっというまに町のいたるところで見かけるようになりました。新製品もいろいろ登場するので、イギリス滞在中に何度も行きます。味噌汁やスシもあります。

最近イギリスへ行ったとき、久しぶりにサンドイッチバーを発見しました。時間がなかったので買うことはできませんでしたが、次回はぜひトライしてみたいです。時代を反映してパンは「ホワイト・オア・ブラウン」だけでなく、ロールサンド、チャバタなどいろいろありそうです。今度はうまく注文できるでしょうか？

イギリスで人気のフィリングといえば？

２０２３年のイギリスの新聞「デイリーメール」によると、イギリス人に人気のサンドイッチのフィリングは、１位ハム&チーズ、２位エッグマヨネーズ&ウォータークレス、３位ＢＬＴ、４位ツナマヨ、５位ハムサラダ、チーズ&ピクルスとのこと。

１９７０年代の調査でもハム&チーズやプラウマンズが人気だったそうなので、50年近く同じ内容が支持されているという、食に関して保守的な人が多いイギリスらしい結果です。「プラウマンズ」とは「農民のごはん」というような意味で、イギリスではポピュラーなワンプレートランチです。チーズがたっぷりと添えられ、ピクルス、チャツネといったメニューで、それを簡略化したのがチーズ&ピクルスのサンドイッチです。

ティーサンドイッチのパンは、たいていホワイトとブラウンが使われることが多い。

大人数で予約したティーハウスのアフタヌーンティーでは、サンドイッチの上にいろいろな飾りが。

私はアンティークディーラーもしているので、イギリスの滞在中に野外のアンティークマーケットに出かけます。そのときによく食べていたのが「ソーセージバップ」。ハンバーガーのバンズにマーガリンが塗られ、ソーセージが２本だけの素朴なものです。最近は「トーステッド・サンドイッチ」、いわゆるホットサンドを食べています。いずれも屋外での寒い日に、熱いミルクティーとともにいただくのは、とってもおいしいものです。

アンティークマーケットの屋台で食べる、ホットサンドとミルクティー。

おすすめの
お店と
おいしいレシピ

イギリス生まれのアフタヌーンティーが、日本で定着&進化中
ホテルニューオータニ（東京）ガーデンラウンジ

Hotel The New Otani

イギリスへ行くことができない状況が、ここ数年ありました。ロンドンから日本に帰ってきて30年、渡英しない年もありましたが、この20年は多いときは2ヵ月に一度、少なくても年に一度は行っていたので、とても不思議な感じで日本にいました。

この間、日本でなにをしていたのかというと、ひたすらウェブのコラムを書いていました。内容はイギリス文化全般。イギリスを舞台にした映画やドラマ、英国菓子、英国紅茶、英国アンティーク&ヴィンテージ、今までに経験したさまざまなことを計100本。週刊連載のように、締め切りに追われた日々でした。

そんなときにイギリス好き、スイーツ好きの友人に誘われて行った、日本のアフタヌーンティー。取材で訪れたことはありましたが、個人的にはほとんど行ったことはありませんでした。こんなに大流行しているとはまったく知らず、「ヌン活」なる言葉まであるそうで、イギリスとはまた違う形で進化、定着？　最近はまっています。

日本でおすすめのアフタヌーンティー「ホテルニューオータニ東京」

私が日本で初めてアフタヌーンティーに行ったのは、ホテル椿山荘東京だったと思います。当時クロテッドクリームにはアズキが入っており、とてもびっくりしました。抹茶のスコーンも、ここで初めて食べました。

その後、予約が半年待ちというザ・キャピトルホテル東急のラウンジ「ORIGAMI」や、パレスホテル東京、イギリスで知り合った宮脇樹里さんのお店、東京・麻布十番の「ジュリスティールーム」にも行きました。国内旅行がしやすくなった頃には、久しぶりに仙台の有名店「ハムステッドティールーム」へ。

一緒にテレビに出演したアフタヌーンティーのスペシャリスト、ゆかりーぬさんのおすすめで、私も大好きな

［左写真］　新アフタヌーンティーセット〜あまおう〜

ホテルのアフタヌーンティーは、東京・千代田区にある老舗高級ホテル「ホテルニューオータニ（東京）」です。なかでも、12～5月頃までガーデンラウンジで提供される「新アフタヌーンティーセット～あまおう～」は、イチゴ好きはもちろん、そうでなくてもぜひぜひ食べていただきたいメニューです。

「パティスリーSATSUKI」のシグネチャーケーキがアフタヌーンティーで

「新アフタヌーンティーセット～あまおう～」のお菓子に関して、実際に作っていらっしゃるスイーツ&パン部門のトップ、シェフパティシエ鈴木薫シェフにお話を聞きました。

「ニューオータニのアフタヌーンティーは、伝統あるホテルのアフタヌーンティーなので、余計な装飾はせず、クラシカルでおいしいものだけを提供するように、心がけています。

現在はイチゴを扱ったアフタヌーンティーはたくさんありますが、ニューオータニが始めた頃には、まだそんなになかったと思います。使うイチゴは、そのときにいちばんおいしいものを取り寄せ、期間中ホテル全館で約7t使っています。マスクメロンは、静岡産の最高級のものを使用しています。

オータニのシグネチャーケーキであるスーパーショートケーキは、オータニ内にあるペストリーショップ、パティスリーSATSUKIでご提供しているものと同じメニューをお出ししていますが、小さくカットするため、クリームの量やスポンジの厚さなどは、SATSUKIのものと変えています」（鈴木シェフ）

ニューオータニに勤めて36年、お菓子とパン担当の鈴木薫シェフ。サンドイッチ用のパンはホテル内のベーカリーで、鈴木シェフがこだわった専用のパンを焼いているそうです。

ニューオータニに入社して28年、ガーデンラウンジから料理人をスタート。ホテル内の様々なレストランを経験し、現在は再びガーデンラウンジを担当している鵜野淳シェフ。こだわりのサンドイッチをスタッフとともに毎日作っています。

このショートケーキ、スポンジもしっとりしておいしいのですが、生クリームが最高！

「クリームは乳脂肪分の違う4種類を使い、提供するケーキにあわせて砂糖やお酒などの配合も変えています。イチゴのスコーンには、豆乳を使っています。保湿性があり、あまおうとの相性がいいので。お出ししているお菓子に使う食材は、植物性の油脂や豆乳など、少しでも体によいものを使用しています。

イチゴのゼリーやイチゴのプリン。マカロンも季節にあわせて、あまおうのマカロンとバラとライチのマカロンを。

イチゴのゼリーはあまおうの果肉を搾るのではなく、さっぱりしながらも100％イチゴを感じていただくために、エキスを抽出しあまおうだけを使用しています」

ショートケーキは、しっとりしたスポンジに材料にこだわった生クリームのほどよい甘さとイチゴの酸味のバランスが絶妙。

イチゴのスコーンには、4個分のあまおうを使用。フリーズドライのイチゴがトッピングされているのが特徴。

鈴木シェフが訪れた八丈島で見つけた、放牧されて島の草を食べて育つジャージー牛の牛乳は、現在すべてのニューオータニグループで使用しているそうです。すっきりとした味わいが特徴です。

アフタヌーンティーのかなめ、おいしいサンドイッチを作るには？

アフタヌーンティーというとスイーツのほうが注目されがちですが、影の実力者ともいえる存在は、サンドイッチだと思うのです。とくに高級ホテルのサンドイッチは、切り口鮮やか、スクエアに揃えられていて美しく、またフィリングとサンドイッチパンのバランスもすばらしくて。とくにニューオータニのような老舗ホテルのサンドイッチは、作り手のこだわりとプライドが感じられます。

ガーデンラウンジで提供されるサンドイッチすべてを担当している鵜野淳シェフに、お話を聞きました。

「サンドイッチはメインとなる食材と、それにあった野菜などの副食材で構成します。作り方としては、素材とパン、ソースが三位一体となっていて、それらがはがれにくいように、パンにバターかマヨネーズ、サワークリームを塗って、全体をラップでくるみ、少しプレスします。サンドイッチに使うローストビーフにも焼き方にこだわりがあって、ニューオータニ伝統の技法で焼き上げています。

フルーツサンドの場合は、ホイップクリームをぎりぎりまでしっかりとたてます。そうしないと、夏は室内温度でクリームがだれてしまうし、サンドをカットするときにもきれいに切れません。中身のフルーツは季節のものを使いますが、甘酸っぱいものがあいますね。ちょっと塩をきかせたあんこも入れています。

ホテルニューオータニのアフタヌーンティーは、奇をてらったものではなく、どなたにもおいしく召し上がっていただけるように作っています。ゆっくり召し上がっていただきたいのと、食べる順番もお好きなようにしていただきたいので、サンドイッチのラップは巻いたままにしています。そのほうがパンがかわきにくく、いい状態に保てるのです。

私たちは毎日同じように、サンドイッチを作り続けていますが、お客様は特別な日の今日だけ召し上がるかもしれないという思いで一つ一つ丁寧に、歴代のシェフたちが積み重ねてきた味を継承しつつ、時代に合わせてちょっとずつ進化させて参りました。受け継がれた伝統の味をお客様に喜んでいただければと思います」（鵜野シェフ）

ニューオータニのガーデンラウンジでは、由緒ある美しい日本庭園を見ながらティータイムを楽しむことができます。

私はホテルが大好きなこともあり、仕事でもプライベートでもホテルに行ったり泊まったりすることが多いのですが、日本の老舗高級ホテルは、慇

マンゴー、イチゴ、キウイとホイップクリームがたっぷり入った、フルーツサンドとローストビーフ、エビとブロッコリーなどのサンドイッチ。

秋はハロウィーンや、栗とブドウを使ったアフタヌーンティー・メニューが登場。

慇無礼の一歩手前ともいえるサービスが心地よく、それは伝統と継続、一流である誇りに培われたものだと思います。

貴族から始まったアフタヌーンティーは、こうしたホテルでサービスしていただけると、私もちょっとだけ貴族のような？　そうでなくても、人にいれていただいたお茶って、おいしいですよね。ゆかりーぬさんのような気のおけない友人と、最高級の食材を使ったティーフーズとお茶をいただく優雅なひととき。忙しい日々が続く昨今ですが、1年に一度だけでも、この特別な「新アフタヌーンティーセット～あまおう～」を。私も来年、また行きます！

イースター(復活祭)のお菓子、シムネルケーキとビスケット

日本では、まだちょっとなじみのうすいイースターは「復活祭」という、イエス・キリストが死後、復活したことを祝うキリスト教のお祭りです。春分の日の後の最初の満月の次の日曜日という、その年によって祝日が移動する祝祭日です。3月の最終日曜日に冬時間が終わってサマータイムとなる頃に、イースターの特別なお菓子が登場し始めると、イギリスは春を迎えます。

イースターのお菓子といえば、代表的なものがシムネルケーキ。その名前の由来は、「上質な小麦粉」という意味のラテン語から、あるいはシムネルさんという人がこのケーキを発明した、ともいわれています。

シムネルケーキはその形が独特で、アーモンドと砂糖をペースト状にしたマジパンを丸めて、ケーキの上部に飾ります。丸いマジパンは11個または12個と決められ、11はユダを除いた11人のイエスの使徒を、12はユダを除いた11人の使徒とイエスをあらわすといわれています。カランツ、サルタナレーズン、オレンジピール、レモンピールなどの大量のドライフルーツとスパイスを入れて焼いた生地のなかにも、マジパンがサンドされています。

「イースタービスケット」という、シムネルケーキと同じようにドライフルー

東京・浜田山にある人気店・ベリーズティールームのシムネルケーキ。

ツやスパイスを使ったビスケットもあります。イギリス南西部が発祥といわれるこのビスケット、伝統的にはカシアオイル（聖書にも登場する、シナモンに似たスパイス）を入れるそうですが、現在ではシナモンやミックススパイスを使うのが一般的です。

　イギリスではシムネルケーキやイースタービスケットのように、お菓子にスパイスがよく使われます。オールスパイス、ナツメグ、シナモン、コリアンダー、ジンジャーなど、さまざまなスパイスを調合したものを「ミックススパイス」と呼び、お菓子メーカーや各家庭によって、その配合や使う量が大きく違います。

　最初にイギリスでスパイス入りお菓子を食べたときには苦手だった私も、最近はどうしたわけか、だんだんと好きになってきました。このスパイスの香りが、イギリスを懐かしく思い出させてくれるからかもしれません。

カシスがたっぷり入った、イースタービスケット。

東京・銀座にあるローズベーカリーで、以前販売されたイースタービスケット。

こちらも現在は販売されていない、ローズベーカリーのホットクロススコーン。

パンケーキデー

　イースターの前に、罪を悔い改め懺悔するために、40日間断食をします。この期間を「レント（四旬節）」と呼び、断食する前日がパンケーキデー。卵、牛乳、砂糖などの家庭によくある食材を使って、パンケーキを焼いたそうです。今では断食する人は少なくなり、パンケーキを食べる習慣だけが残ったとか。

このパンケーキデー、最近はパンケーキを食べることより、「パンケーキレース」がイギリスの名物行事になっています。バッキンガムシャーのオルニーに住む主婦が、レントのパンケーキ作りで忙しすぎたために、フライパンとパンケーキを持ったまま家から教会まで走ったのが始まりです。レースは1445年から行われ、以後イギリス国内の各地で開催。現在ではイギリスのニュースで大きく取り上げられるイベントとなっています。

　イギリスのパンケーキは日本のパンケーキとは違い、クレープをちょっと厚くしたようなものです。そして日本のクレープのようにいろいろな具材を楽しむというより、シュガー、レモン、バターでシンプルにいただきます。

　私がイギリスのパンケーキといって思い出すのは「スタッフォードオートケーキ」。オーツ（からす）麦を使ったパンケーキで、イギリス中部スタッフォードシャーの名物です。この地方ではかつて窯業が盛んで、陶磁器工場に勤める忙しい人々の軽食でした。工場はだいぶ閉鎖されてしまいましたが、今でもオートケーキショップは残っていて、地元の人々に愛されているようです。ランチとして食べられることが多いから？　なぜかスイーツ系はなく、チーズやハム、トマトやソーセージといった食事系の具材のみ。シンプルに折りたたんだ形状で、シングル（1枚）、ダブル（2枚）と注文します。食感は小麦粉のみのパンケーキより軽く柔らかくさっぱりしていて、私好み。ちなみにイギリスでよく食べられるオーツケーキというクラッカーのような、甘くないビスケットのようなものもありますが、それとは別物です。

　日本で「イギリスのパンケーキ」と紹介された「クランペット」は、大判焼きの皮のようなもので、イギリス

スタッフォードシャーのオートケーキ。中身はソーセージ&チーズ。

スタッフォードシャーはイギリス陶芸のふるさと。かつて使われた窯、ボトル・キルン。

[右] ベリーズティールームのクランペットは、穴がないのが特徴。

[左] スタッフォードシャーのカフェで食べたクランペット。

ではパンの部類。発祥はヴィクトリア朝時代で、生地にイーストが使われているため独特のもちもち感があり、朝食やティータイムによく食べられている、私の大好物です。

特徴は、焼き上がった生地の表面。片側にたくさんの穴があいています。焼きたてのクランペットにたっぷりのバターを塗り、ハチミツやシロップを穴に染み込ませるようにかけたら、たまらないおいしさです！　フォークやナイフを使わず、手づかみで食べる気軽さもいいですね。「オートケーキ」も「クランペット」も、今や日本で手に入りますので、ぜひ食べてみてください。

名前が混乱？ イギリスの焼菓子

イギリスは似たような名前のお菓子やパンがあり、呼び名が違うのに同じ形状だったり、またはまったく違うものだったりして、混乱します。スコーンはもともと「バノック」という、大麦を使ったパンが原型といわれていますが、現在でもスコットランドへ行くと、バノックと呼ばれるパンとスコーンの両方があるそうです。

ドロップスコーンという名前の小型のパンケーキは、別名「スコッチ・パンケーキ」とも呼ばれ、スタッフォードシャーのオートケーキよりも、日本で食べるようなふわっとしたパンケーキのことです。

イギリスのお茶のお供、ビスケットとクッキーにも違いがあり、一般的には堅焼きがビスケット、ちょっと柔らかめでバターや油脂を多く使ったものをクッキーと呼び、アメリカではクッキーの呼び名のほうが一般的だそうです。イギリスでも最近はアメリカの影響で、だんだんとあいまいになってきた感があります。

スコーンとクロテッドクリーム

スコーンとはスコットランドで生まれた、イギリスの伝統的な焼菓子です。私が『スコーン大好き！　いちばん愛される英国菓子15人のとっておきレシピ』（誠文堂新光社）という本を出したときは、こんなに日本で流行するとは思いませんでした。私にとってスコーンは、とても身近な存在で、イギリスでも日本でも、ごく普通に食べてきたので。しかしそれが普通ではなかったようで、2023年にはテレビのバラエティ番組からもオファーがあり「スコーンを30年、ほぼ毎日食べ続けた人」として出演、お気に入りのスコーンたちをご紹介する機会もありました。

スコーンの歴史

スコーンの歴史をたどると、古くは1513年の文献に残されています。「グリドル」という鉄板を使い、大麦やオーツ麦を丸く大きく焼いたものがスコーンの元祖。それが1800年代に一般家庭にオーブンが普及、1843年にベーキングパウダーの発明により、現在の形になったそうです。

スコーンの名前の由来は諸説あるのですが、スコットランドのスクーン宮殿の歴代スコットランド王の戴冠式に使われた「運命の石」（スクーンの石）から、というのが有名です。ド

Lazy Daisy Bakeryの中山真由美さんが作ったプレーンスコーン。

フォートナム＆メイソンのアフタヌーンティーで食べた、お菓子やスコーン。

イツ語や古い英語の「シェーンブロート」、オランダ語の「スコーンブロート」という、白い上質のパン、きれいなパン、特別なパンを意味する言葉からきた、ともいわれています。またゲール語（紀元前4〜3世紀頃に現在のイギリスに住みついた民族、ケルト系の言葉。現在ではウエールズ、コンウォール、アイルランド、スコットランドの一部で使われている）で、ひと口大の塊を意味する「スゴン」から、という説もあります。

イギリスの伝統的なスコーンは?

日本では、いろいろな輸入品を日本流にアレンジするのが得意です。スコーンも最近はあんこをはさんだもの、「デコスコ」と呼ばれるケーキのようにデコレーションしたものなど、さまざまなスコーンが登場しています。

それにくらべると、食べ物に保守的な人が多いイギリスでは、今でも伝統的なスコーンが一般的。

宮城県・仙台のハムステッドティールームの平中直美さん作のアフタヌーンティーセット。

「イギリスのスコーンは大きく分けて、3種類のタイプがあります」とは、私が大好きなスコーンを販売している東京・湯島の人気店「Lazy Daisy Bakery」の中山真由美さんからお聞きしました。ひとつめは「カントリースコーン」。生地はこねず、寝かせず、焼きたてを食べるスコーンです。ふたつめは、「ホテルスコーン」と呼ばれ、生地をしっかりこねて、しっかり寝かせ、卵を使用するスコーンです。

そしてその中間にあたるタイプのスコーンがあり、これはときとして、カントリースコーンを作ろうとしてこねすぎて失敗してしまった、というものだそうです。

カントリースコーンの特徴は大きめで、外がカリッと、中がふわっとしています。家庭で作るスコーンや、地方のティーハウスなどはこのタイプです。「オオカミの口」と呼ばれる、焼き上がりの生地が腹割れするのも、このタイプが多いようです。日本では、オオカミの口がないとおいしいスコーンではないという方もいらっしゃいますが、イギリスではそこまで気にしていません。「スコーンは作り手の数だけ、作り方がある」といわれているので、形もいろいろ。丸型、菊型、四角形、三角形、六角形などがあります。

ホテルスコーンは小さめの栗饅頭のような形で、外側はビスケットのような硬さで、なかもパンのような感じ。主にホテルなどのアフタヌーンティーで提供されます。私がイギリスでいちばん好きなこのタイプのスコーンは、ロンドンのフォートナム&メイソンにあります。紅茶ブランド、アフタヌーンティーで有名なお店ですが、最近は地下1階のベーカリーでスコーンも販売しているので、そこで買ってイートインスペースで食べたりしています。

スコーンは基本的に、小麦粉、バター、牛乳、砂糖など、家庭によくある食材で作ることができますが、作り手によって、材料にもこだわりがあります。イギリスの家庭では、バターミルクを使う人も多いようですが、日本ではヨーグルトと牛乳を混ぜたもの、あるいは生クリームを入れる、最近ではヴィーガンを意識して、バターを使わないスコーンも。

イギリスの小麦粉は、日本の小麦粉に比べてきめが粗くタンパク質量が多いので、コシのある生地ができます。日本のように強力粉、中力粉、薄力粉という分類もないので、日本でイギリス式のスコーンを作る場合は、中力粉をおすすめします。

スコーンの友? クロテッドクリーム

スコーンを食べるときに欠かせないという、クロテッドクリーム。クロットは、英語で塊という意味で、牛乳を湯煎して煮詰めるか、低温のオーブンで長時間蒸し焼きにして作ります。濃厚なコクとなめらかなミルキーさが特徴で、イギリス南西部の酪農地帯、デヴォンとコンウォールの名産品です。

ロンドンのフォートナム&メイソンのベーカリーで買ったスコーン。

２つの地方のクロテッドは、どのように味が違うのか？　現地の牧場や工場を取材しましたが、今では地域の違いというより、搾乳する牛の種類、原乳により味の違いが大きい、とのことでした。また、イギリスのクロテッドクリームは、「クラスト」が特徴です。サクサクしている、という意味で、クロテッド上部の黄色い部分を指し、これがないとクロテッドではないというイギリス人も多くいます。

ちなみに、日本でいちばん人気のスコーンはプレーンなので、クロテッドクリームとジャムをつけて食べるのが一般的ですが、イギリスでのいちばん人気はサルタナレーズンスコーンで、なにもつけない、あるいはバターを使う人が多いのです。イギリスの家庭にはいつもクロテッドクリームがある、と思われているようですが、イギリスのティールームで「クリームティー」というスコーンとジャム、クロテッドクリーム、紅茶のセットメニューがあり、こうした場所でクロテッドクリームを使うことが多いようです。

イギリスでいちばん有名なブランド、ロダスのクロテッドクリームとスコーン。クロテッドをいちばん上に乗せるコンウォール式でいただきます。

コンウォール式とデヴォン式

イギリスでは、クロテッドクリームをスコーンに塗るとき、２つの方法があります。スコーンにジャム、クロテッドの順で塗るのがコンウォール式。その逆で、スコーンにクロテッド、ジャムの順で塗るのがデヴォン式です。これを知ったとき、「どうでもいいことにこだわるのはイギリスらしいけれど、どちらでもいいかな？」と思いましたが、試してみると味に違いがありました。どう違うのか？　お知りになりたい方は、ぜひトライしてくださいね。

福岡で評判の
アフタヌーンティー&スコーン
Bibury Tea Rooms & SCONEHOLIC OZASA

Bibury Tea Rooms & Sconeholic Ozasa

博多駅から電車で約1時間、福岡や久留米で勤める人々のベッドタウン小郡市の住宅街に「アーリントン・アンティーク・ヴィレッジ」という、イギリスのコッツウォルズ地方を再現した街並みがあります。そのなかに、コッツウォルズのバイブリーにちなんで名づけられたお店があります。はじめはSNSで見ておいしそうなスコーンとお取り寄せしてみたら、やっぱりおいしかった！　私好みの外側がさくっと、なかはほわっと&ほろっとしたタイプ。そして手作りのおいしいクロテッドクリームもついてきます。これはお店に直接行かなければ！　と、取材に出かけました。

本場の味を、日本でもおいしく

オーナーの倉光知佳さんは、高校生の頃からお菓子を作るのが好きで、独学で英国菓子を研究。倉光さんのお兄さんはイギリス留学の経験があるので、本場の味を知る身近な人からのアドバイスもあって、2020年7月にお店をオープン。イギリスのティールームの雰囲気にこだわり、店内はバイブリーを愛した芸術家、ウイリアム・モリスのインテリアや、イギリスのアンティーク家具、アンティークのテーブルウェアが使われています。店を訪れたイギリス人が、

まるでコッツウォルズを訪れたような、アーリントン・アンティーク・ヴィレッジにたたずむ Bibury Tea Rooms。

「まるでイギリスにいるようだ」と、感激したそうです。

人気商品のスコーンは、イギリスらしさを大切にしながらも、日本でもおいしく感じられるように、サクサク、ほろほろの食感に仕上げています。以前出店した百貨店のイベントでも大人気で、1日でスコーンを693個販売したとか。

予約制のアフタヌーンティーセットは、サンドイッチ、スコーン、ペイストリー（お菓子）4種類のセットが3段のケーキスタンドに乗って提供されます。けっこうボリュームがあるのですが、なぜかすっとおなかに入ってしまうおいしさ。サンドイッチのパンが驚くほどふかふかで、これは日本人好みにあわせているそうです。サンドイッチ、スコーンのみのセットや、スコーンとお茶の「クリームティー」というセット・メニューもあります。

オーナーの倉光知佳さん。

ウイリアム・モリスの壁紙を使い、イギリスのアンティーク家具でインテリアが統一された店内。

スコーンのお店もオープン

Bibury Tea Rooms は、アフタヌーンティーの流行やSNSの反響も大きく、近隣だけでなく東京からの来客も増えお店はいつも満席状

SCONEHOLICでは、スコーンの販売だけでなくクリームティーのセットや予約制のアフタヌーンティーもいただくことができます。

福岡の中心部からも近い小笹にオープンした「SCONEHOLIC」。

態。店内で販売しているスコーンも、なかなか買うことができませんでした。そこで2023年1月、福岡市小笹に「SCONEHOLIC OZASA」（スコーンホリック　オザサ）をオープン。小笹は静かな住宅街で、福岡市内中心部からも近いことから、客層は近所の人や博多周辺から買いに来る人も多いそうです。

お店は午前11時開店、スコーンは午後1時すぎに売り切れることも。圧倒的な人気商品はプレーンスコーンで、イチゴジャムと自家製クロテッドクリームつき。その他、季節にあわせた約10種類のスコーンを販売していて、イチジクとクルミのスコーンやチョコとクランベリー、アールグレイのスコーンなどもファンが多いそうです。甘いスコーンだけでなく、軽食にもなるセイボリー（塩味）のチェダーチーズのスコーンもおすすめで、私のお気に入りでもあります。

今回は特別に、倉光さんから「イチジクとクルミのスコーン」の作り方を教えていただきました。

小さな店舗で席数もわずかですが、落ち着いた雰囲気なのでゆっくりとティータイムを。

SCONEHOLICでは、スコーンだけでなく英国菓子も販売しています。こちらもおすすめ。

Bibury Tea Roomsのレシピ

Bibury Tea Roomsの イチジクとクルミのスコーン

下準備

- バターを1cm程度の角切りにして、冷蔵庫で冷やしておく。
- クルミを5mm角の大きさに刻んでおく。
- イチジクは縦半分に切り、それぞれ横3等分に切って、トッピング用に8個を別にしておく。
- オーブンを210℃に予熱する。

材料（5.5cm丸型×8個分）

薄力粉……220g
全粒粉……20g
ベーキングパウダー……小さじ2(12g)
塩……2つまみ
きび砂糖……30g
無塩バター……50g
ドライイチジク……100g
クルミ……50g
牛乳……90mL
牛乳（つや出し用）……適量
薄力粉(打ち粉用)……適量

イチジクとクルミのスコーン

作り方

1 薄力粉、全粒粉、ベーキングパウダー、塩、きび砂糖を合わせてボウルにふるい入れ、ホイッパーでぐるぐると混ぜる。

2 1に切ったバターを入れて、サラサラの状態になるまで指先でこすり合わせるようにして、粉とバターを混ぜ合わせる。

3 2にイチジク（トッピング用の8個以外）とクルミを入れて、ゴムベラでさっくり混ぜ合わせ、牛乳をまわし入れて、ひとつにまとめる。

4 打ち粉をした台に3を取り出し、めん棒で厚さ2cmにのばす。

5 打ち粉をした丸型で生地を勢いよく抜き、トッピング用のイチジクを生地の表面に押し込み、型から抜いてオーブンシートに並べる。残った生地はまとめ、再度めん棒で厚さ2cmにのばし、型で抜く。

倉光さんがスコーン作りに使用している「みどり牛乳」は、大分県内の酪農家のしぼりたて牛乳を扱う、九州乳業のブランドです。大豆の味が濃い「みどり豆乳」もおすすめ。私は取り寄せて飲んでいます。

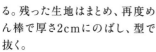

アフタヌーンティーとは

イギリス発祥のアフタヌーンティーという風習は、1840年頃にヴィクトリア女王の女官だったベッドフォード公爵夫人、アンナマリア・スタンホープが考えたものといわれています。この時代、オイルランプを使うようになると、夕食が午後8〜9時と遅くなっていきました。アンナマリアはその習慣になじめず、夕方にこっそりと？パンとお茶を召使に運ばせていたそうです。社交家の彼女が友人たちを自邸「ウォーバン・アビー」に招待したとき、それをふるまったところ評判になり、たちまち流行したそうです。その後アフタヌーンティーの習慣は中流家庭に広まり、20世紀初頭のエドワード朝時代には頂点に達し、お茶会はとても重要な社会活動であり、社交の場となりました。

アフタヌーンティーのメニューは、基本的にサンドイッチ、スコーン、お菓子の3種類で構成されています。「スリーティアーズ」と呼ばれる3段のティースタンドで運ばれて来るのが一般的ですが、イギリスでは2段のことも。サンドイッチだけが最初に別皿でサーブされ、高級ホテルではサンドイッチがおかわりできる場合もあるのでそれを食べ終えたら、スコーンとお菓子が登場します。

ちなみにアフタヌーンティーだけでなく、ハイティーという風習もあります。アフタヌーンティーは貴婦人の応接間にあるローテーブルでいただいたのに対し、ハイティーは庶民がダイニングテーブル（ハイテーブル）で食べたため、この名がつけられました。パンや肉、食事パイと紅茶やビールなど、午後5〜7時に食べる、庶民の夕食でした。

イギリスではハイティーと同じような、軽い夕食を「サパー」「ティー」ともいいます。ロンドンのフォートナム＆メイソンへ行くと、カナッペやパイ、マフィンなど、夕方だけ提供するハイティー・メニューがあります。

6 ハケでスコーンの表面に牛乳を塗る。トッピングのイチジクは焦げやすいので、牛乳は少なめに塗る。

7 予熱が完了したオーブンの温度を200℃に下げて、6を入れて5分ほど焼く。オーブンの特性によって天板やスコーンの向きを変え、さらに5分焼く。表面がきつね色になったら、アルミホイルをかぶせて、さらに2分ほど焼く。

8 オーブンから取り出し、網に乗せて粗熱を取る。トッピングのイチジクが焦げた場合は、キッチンばさみで切り取る。

アフタヌーンティーは下から食べる?

アフタヌーンティーのお話をすると、必ず質問されるのがマナーについて。

「スリーティアーズ」と呼ばれる、3段式のケーキスタンドでティーフーズが登場した場合、いちばん下段にあるサンドイッチ、またはセイボリーと呼ばれる塩味のものから食べるのがマナーといわれています。が、私は食事をする際のマナーと同様なことを守れば、アフタヌーンティーだからといって、気張る必要はないかなと思っています。サンドイッチから食べてもいいし、温かいうちにスコーンを先にいただいてもいいし、お好きなように、とお答えしています。私の場合は、全部食べきれないこともあるので、好物や食べたことのない味のものからいただきます。ティーフーズが残ったら、持ち帰りできるところもあるので、そういう場合は生クリームを使ったケーキなどを先に食べることもあります。

イギリスの高級ホテルでアフタヌーンティーをいただく場合、以前男性はネクタイ着用といわれていましたが、最近は「スマートカジュアル」が基準です。きれいめな服装であれば、ジャケットがなくてもOKになってきました。

「ドーチェスター」というロンドンの高級ホテルに初めて泊まったとき、どんな服装がいいのか迷いましたが、行ってみると意外にお客さんたちはカジュアルでした。滞在するうちに服装のことなど忘れ、それよりもホテルスタッフの温かいホスピタリティに感動しました。

アフタヌーンティーで有名な「ブラウンズホテル」へ行ったときには、純銀製の4段のスリーティアーズに、すべてサンドイッチが盛られていたことも。そのときの人数が4名で、人数分のスタンドを置くスペースがなかったのでしょうが、日本よりもフリースタイルだなと思いました。

Bibury Tea Roomsの
アフタヌーンティーや英国菓子。

Yumi Koseki
My wonderful life in England

私の英国暮らし

1

初めてのイギリス暮らし

なぜかわからないけれど、子供の頃から外国で暮らしてみたいと思っていました。それは、両親と観に行ったアメリカ映画の影響かもしれません。私の子供時代、外国といえばアメリカのこと。アメリカに行ったらおいしそうなお菓子や料理がたくさん食べられる！　と食いしん坊な私は思ったのでした。というのは、当時は輸入菓子が今ほど流通しておらず、たまに買ってもらう上野アメ横の卸問屋さんのキャンディやチョコレート、ココアなどがとてもおいしかったこともあります。

最初はアメリカへ行こうと思っていたので、ためしにハワイへ留学中の友人を訪ねてみると、ハワイは勉強するより遊びに行くところ。アメリカ本土のメインランドは物騒らしいと、ハワイの友人の仲間たちから聞いて、ちょっと考えることにしました。

映画や海外ドラマが好きだったからか、英語の響きが大好きで、今でも英語を聞くだけで幸せな気分になります。それはきっと、映画館へ出かけた帰りにおいしいものを食べたり買ったりしてもらった記憶と一緒になっているのかもしれません。私はものおぼえが悪く、たいていのことはいいことも悪いことも忘れてしまうのですが、食べ物のことだけは鮮明におぼえているのです。

小学生の頃から英語塾に行っていたのですが、中学・高校時代、私の成績は最低でした。中学1年の最初の中間テストで、英語塾の筆記体と、当時あった学校のオリジナル筆記体の書き方が違っているのに気がつかず、私だけが赤点だったのです。これがきっかけで、一気にやる気を失いました。

今思えば学校の教え方が悪かったわけでもなく、私がうっかりしていたせいだし、やる気がなかっただけのこと。しかし英語は好きなのに、成績は悪い。学校生活は劣等感ばかり。この劣等感が原動力となって、イギリス暮らしへとつながるわけですから、おもしろいものです。

現在、母校には帰国子女を受け入れるクラスがあるそうで、私の担任だった先生が館長（校長）になり、留学や仕事の話をしてほしいと依頼がありました。劣等生だった私が、学校や後輩のお役にたてるならと喜んでお引き受けして、留学やイギリスのこと、アンティークや出版業のことをお話ししました。

就職してからは、いつか留学するためにと貯金を始めました。憧れだった出版社にも就職できたのですが、働きすぎて体を壊してしまいました。しばらく休んでいるあいだに、「そうだ！　夢を実現しよう」と、イギリス行きを計画しました。

なぜアメリカでなくイギリスになったのか？　それは初めてロンドンとパリへ行ったとき、パリはおしゃれな街、ロンドンは野暮ったいけれど住んだらおもしろそうと思ったからです。

最初はイギリス西部にある、バースの有名な英語学校に申し込んだのですが、すでに満席。とりあえずロンドンに行ってから、いろいろ考えようと出発しました。はじめは高級住宅街ハムステッドにあったホリデーフラットという、ウイークリーマンションを1ヵ月間借りて、その間に長く住めるところを探しました。

今のようにインターネットも一般的ではなく、フラットの賃貸物件は新聞や、ロンドンで知り合った人々からの情報が頼みです。私はあまり社交的ではないので、日本から一緒に行った友人が、顔が広く、フレンドリーな性格だったので助かりました。

ただ、友人には困った点がひとつ。フラットのタンク式のお湯をすべて使ってしまうのです。彼女は毎日お風呂に入るのですが、タンクは1日バスタブ1杯分しかありません。最初はタンク式の仕組みがわからず、私が入ろうとするとお湯が出ないのはなぜ？と、1ヵ月近くお風呂に入れませんでしたが、この経験で次に借りるところは、お湯がいっぱい出るところにしようと強く思いました。

その友人の友人の紹介で、あまり安全とはいえないエリアでしたが、フラットが見つかり引っ越しました。住んでみると物価が安く、駅から近くて快適でした。もちろん、お湯もガスで沸かしてたっぷり使うことができました。

先住者のフラットメイトは一回り上の日本人で、彼女にはいろいろなことを教えてもらいました。ロンドン市内の英会話学校も彼女に教わり、月曜日から金曜日まで通いました。私たちは1階部分を借り、2階はスコットランド人の同じくらいの年齢の女性。彼女からスコットランドのことや、イギリスにはイングランド人、スコットランド人、アイルランド人、ウエールズ人がいて、それぞれの文化や風土が違うのだと教わりました。

ロンドンの街の中心部、オックスフォード・サーカスにあった学校では、私が入ったクラスはABCを発音できない、英語を今まで一度も話したことのない人だけ。1ヵ月近く「エービーシー」と発音するのみで、このままでいいんだろうか？　と最初は不安になったものです。後で知ったのですが、日本人は文法ができるので、クラス分けのテストで中級から上級クラスに入る人が多く、いきなりの英語での授業が聞き取れずに挫折する人が多かったそうです。私は毎日発音だけを練習していたせいか、RP（レシーブド・プロナウンスエーション、容認発音のこと。公共放送

BBCで使われている、一般的で丁寧なイギリス英語の発音方法）をどうやら話せるように。どこから見ても東洋人にしか見えない私が、この後ヨーロッパやニュージーランドでイギリス人に間違えられたり、取材でいろいろな階級のイギリス人にインタビューするときに、この発音に助けられました。けれど長年アメリカに住む弟を訪ねてニューヨークへ行ったときには、「丁寧すぎて変な英語」といわれたので、同じ英語圏でもずいぶん違うものだなと思いました。

あたりまえのことですが、英会話学校には、イギリス人は先生とスタッフのみで、クラスメイトはいません。学校に通っているだけでは、イギリス人の友人はできないし、イギリス文化も理解できないと、友人の友人の友人という、うす～い関係をたどって、パブに連れていってもらったりしているうちに、どんどんとイギリス暮らしが楽しくなってきました。アンティークやワールドワイドな音楽を好きになったり、今まで知らなかったファッション、とくに古着を着るようになったり、またそれを友人たちと買いに行くのも、楽しかったですね。

料理のできない日本人留学生や友人たちを招待して「とんかつナイト」をしたのも、忘れられない思い出です。イギリス人を招いての「おにぎりナイト」は海苔がカーボン紙みたいと不評でしたが、今だったら受け入れられることでしょう。

最後は楽しすぎて帰りたくなかったのですが、「一度帰ること」と、父との約束があったので帰国しましたが、イギリスに戻りたくて仕方がありませんでした。日本でなしくずしに仕事を再開しましたが、心は「またお金をためてロンドンに戻ろう」という思いでいっぱいでした。そんなときにかつての仕事仲間から、イギリスの本を出さないかという話。この本の取材をきっかけにまた、ロンドンに戻れる！　と喜んで引き受けたのでした。それがアンティークの本で、まさかこの後、アンティークとイギリスに30年以上関わるとは思いもよりませんでした。

British Sweets and Bread Summer

夏

ロイヤル・エンクロージャーの個室のテラスから見える、レースコース。手前のカラフルな傘は、予想屋さん。

ロイヤル・アスコットのランチ＆アフタヌーンティー

2021年の秋、幼馴染みから突然「行かない?」と、ロイヤル・アスコットへご招待をいただきました。まさか自分が大好きな映画、オードリー・ヘップバーン主演の『マイ・フェア・レディ』に登場したアスコットへ行くことになるとは!?

実はこの数年間、コロナの影響でイギリスから遠ざかっていました。今、行くべきか? と少し考えましたが、でも行きたい! 2022年1月に航空券とホテルを予約、その後ウクライナの戦争が起こり、飛行機は欠航続きに。果たして行くことができるのだろうか? という状況でしたが、6月無事にロンドン・ヒースロー空港にたどり着き、第4日のロイヤル・アスコットに参加することができました。

クラスによって、入り口も服装も食事も違うアスコット

ロイヤル・アスコットとは、ロンドンから車で西へ約1時間、バークシャーのアスコットにある競馬場にて、毎年6月イギリス王室が主催する競馬イベントです。1711年にアン女王が王室主催で開催したのが始まりで、イギリスの夏、上流階級の社交はこのア

ロイヤル・アスコットのために、友人と用意した帽子。

スコットから、ウインブルドンのテニス選手権、ヘンリー・レガッタと続きます。

私は競馬にまったく興味がなく、ではなぜ誘いにのったかというと、それはアスコットのおいしいものを知りたいから。ロブスター・サンドイッチが名物と聞いていたので、それを食べようと思っていたのですが、友人がランチとアフタヌーンティーを予約してくれました。

しかし上流階級の社交場ですから、食べ物以前にルールとマナーがあります。会場は4段階のクラスに分かれていて、いちばん上のクラス、ロイヤル・エンクロージャーでは女性は帽子がマスト（着物など民族衣装の場合はなくてもOK）、ドレスの丈などにも厳しい決まりがあり、男性はトップハットと燕尾服着用が義務です。私はいったいどこのエンクロージャーなのか？ 招待してくれた友人に聞いても、詳細はわからず、日本で帽子とワンピースを用意して出かけました。

当日は、友人が滞在しているホテルからアスコットへハイヤーで乗りつけると、入場口は大混雑。そして、エンクロージャーはどうやらいちばん上のロイヤルらしい!? それも個室だったおかげで、この日は気温が37℃というイギリスでは驚きの暑さでしたが、エアコンつきの個室はたいへん快適でした（イギリスでは冷房設備がない建物がほとんどなのです）。

当日は正午からランチ、午後2時にロイヤルファミリーが馬車でお出ましになり、レースが開始。この日はあいにくとエリザベス女王がいらっしゃらず、ウイリアム皇太子とキャサリン妃がお出ましに。たいへんな馬好きとして、有名なエリザベス女王。ご自分の持ち馬がロイヤル・アスコットで優勝したこともあり、欠席はめずらしいことでした。今になってみると、もうこの頃から体調がすぐれなかったのかもしれません。

アスコット競馬場の正面玄関。

エンクロージャーによって、入り口も服装も違う。こちらはいちばん上のクラス、ロイヤル・エンクロージャーの入り口。

ロイヤル・アスコットのチケット。

ランチとアフタヌーンティーは、伝統的なメニューで

まずはウエルカムシャンパンをいただきながら、個室に集まったみなさんと歓談。メニューだけでなく、テーブルに飾る花、食前酒、食後酒まで事前に予約が必要です。

ロイヤル・アスコットのランチメニュー

前菜　生ガキ
　　　マグロのタルタル、ニース風
主菜　ラムロイン
　　　（ラム肉のロース中心部、希少部位の赤身）
デザート　オレンジ&チョコレート
　　　バニラカード添え

前菜から始まり、メインは私の好物のラム。イギリスのラムはミルクっぽい味がして、ぜんぜん臭くありません。ちょっと焼きすぎでしたが、つけ合わせのジャガイモがとてもおいしかったです。やはりイギリスは、ジャガイモの国。時間がないので、デザートはパスして、続けてアフタヌーンティーも登場しました。

アフタヌーンティー・メニュー

ティーサンドイッチ
バターミルクスコーン
ケーキ（スパイスキャロットケーキ、塩キャラメルとビターチョコのエクレア、レッドベルベッドケーキ、オレンジとラズベリーのバッテンバーグケーキ）

残念ながら酷暑のためか、ケーキはやっと形状をたもっていたものの、食べようとフォークを入れたら、その

ロイヤル・アスコットの説明、4日目のレース詳細が載っているパンフレットと、ウエルカムシャンパン。

前菜のマグロのタルタル。暑い日にはさっぱりしていて、美味でした。

メインのラムロイン。つけ合わせはプチ・ラタトゥイユと、四角いのがポテトのロースト。

ホテルタイプの上品なスコーン。コンウォール産のクロテッドクリームがおいしかったです。

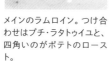

姿が一瞬にして溶けていきました。スコーンはホテルタイプの外側がさくっとしているもの。ついていたコンウォール産のクロテッドクリームが美味でした。

　最後にメニューにはないサプライズで、コーヒー&ウォールナッツケーキがホールで出てきました。私以外の参加者は、みんなギブアップしたので、ほんの少しスライスしていただきましたが、これがケーキのなかでいちばん印象に残りました。お茶はアスコットのスポンサーでもある、フォートナム&メイソン。ランチもアフタヌーンティーのいずれのメニューも、とても伝統的なイギリスらしいものでした。

　競馬もやってみましたが、一勝一敗。ほんのちょっと賭けただけですが、レースを見る緊張感がまったく違って、意外にもおもしろかったです。

　午後6時すぎの最終レースの後にバンド演奏があり、それも名物のひとつなのですが、観客がいっせいに退場すると大渋滞が起こって帰りが遅くなるため、私たちはひと足先に帰ることにしました。

　今まで接してきたイギリス社会とはまったく違う、私には縁のない世界だと思っていましたが、体験してみないとわからないものですね。楽しいエンターテイメントであり、イギリスの伝統的な上流階級の社交文化を知ることができました。機会があったら、もう一度体験してみたいものです。

1階はドリンクやフード売り場。2階と3階が個室になっており、チケットを見せないと階上に上がることはできません。

時間がなかったので、ランチコース最後にチーズが添えられたクラッカーや、アフタヌーンティーのサンドイッチ、お菓子がいっせいにサービスされました。

最後にホールで登場した、コーヒー&ウォールナッツケーキ。

ストリートティーパーティ

エリザベス女王には、誕生日が2回あります。本来の誕生日は4月21日で、この日はプライベートでお祝いをします。6月の公式誕生日（6月第一土曜から第三土曜のいずれか）は、国民の祝日となり、「トゥルーピング・ザ・カラー」と呼ばれる記念行事が行われ、盛大にお祝いをするのです。

なぜ誕生日が2回になったかというと、4月は春とはいえイギリスはまだ寒く、雨も多いので、季節のよい6月にイベントを行ったほうがよいという説と、1748年にジョージ2世の11月の公式誕生日と夏の恒例イベントである軍旗分列行進式をまとめて、6月に開催したのが始まり、という説があります。トゥルーピング・ザ・カラーという言葉は、1700年代に生まれ「軍旗を見せながら行進する」という意味があるそうです。

イギリスの一般庶民は、家の前や近所のストリートを通行止めにして、近所の人々や友人たちと「ストリートティーパーティ」を行い、エリザベス女王の誕生日をお祝いします。

イギリスにおけるストリートティーパーティの歴史は、1919年、第一次世界大戦後、平和を祝うお茶会を子供たちのために住民が始めたそうです。その後、1953年のエリザベス女王の戴冠式や、1977年のシルバージュビリー、そして2012年には盛大に戴冠60周年のダイヤモンドジュビリーを祝う、ストリートティーパーティがイギリス中で行われました。2022年にはプラチナジュビリー、在位70周年をお祝いするイベントが行われました。

ユニオンジャック柄のストリートティーパーティ用グッズ。

パーティーに欠かせない ユニオンジャックとティーフーズ

ストリートティーパーティに必要なもの、それはまず「バンティング」。国旗のユニオンジャックをいたるところに飾ります。テーブルや椅子は家から持ち出し、ティーフーズやお茶も家からそれぞれ持ってくる場合と、パーティグッズから食器のリースまで、ケータリングを頼むこともあります。ストリートティーパーティ専用のウェブサイトが、道路を通行止めにするための申請の仕方や、当日の準備など、詳しく説明してくれます。

　パーティの主役であるティーフーズ。セイボリーと呼ばれる食事がわりにもなる軽食は、サンドイッチはもちろんのこと、ソーセージロール、チーズスコーン、キッシュやカナッペ、コーニッシュパスティ、ポークパイなど。最近はバーベキューとティーパーティを合体させたものもあるそうです。

　エリザベス女王にちなんだメニューとしては、「コロネーションチキン」があります。カレー風味のチキンサラダは、1953年にエリザベス女王の戴冠式の昼食会の際に考案されたメニューです。戦後で物資が不足している時代に、鶏肉を使った料理はごちそうだったとか。今ではサンドイッチのフィリングとして、人気の国民食となっています。オリジナルはレーズンやアンズを宝石に見立て、鶏肉をクリームソースであえた冷菜だったそうですが、現在はマヨネーズが使われています。私も大好物なので、日本でよく作ります。蒸したささみをほぐし、マヨネーズにカレー粉を少しと、レーズンなどのかわりにウスターソースをほんの少し入れて混ぜるだけ。そのときの気分によって、生クリームやヨーグルトを加えてもおいしいです。

　そして欠かせないのが「スコッチエッグ」。スコッチと名前がついているから、てっきりスコットランド生まれのスナックかと思っていたら、ロンドンにある高級食料品店「フォートナム&メイソ

カルチャースクールで私が開催した、ストリートティーパーティ。

エリザベス女王90歳の誕生日記念に発売されたティータオル。

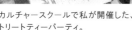

ン」が発明したそうです。ロンドンから地方へ長旅に出るお客さん用に、持ち運びが簡単にできる食品を、ということでゆで卵をソーセージロールに使うソーセージミートでくるみ、パン粉をつけて揚げました。このスコッチエッグは手軽なお惣菜としてよく売られていて、日本人にしたらコロッケのような存在でしょうか？　レストランやパブなどでもよく登場し、黄身を半熟にするのが、最近のスタイルになっています。

フォートナム＆メイソンのスコッチエッグ。

デザートは旬のフルーツを ぜいたくに使って

　ティーパーティはフィンガーフードが基本なので、スイーツもカップケーキなどが好まれます。ユニオンジャック柄でシュガーコーティングしたものなどは、よく見かけます。この時期出回るベリー類とメレンゲ菓子を生クリームであえたデザート「イートンメス」や、ヴィクトリア女王が好んで食べたという、スポンジケーキにバタークリームとイチゴジャムをはさんだ「ヴィクトリアスポンジ」、フルーツを使ったタルトやミニパイ、ジャムを使ったビスケットやチーズケーキも人気です。

イギリス関連のティーパーティでは、ユニオンジャック柄のビスケットをデコレーションしたカップケーキが登場。

　この季節になると、とにかく屋外で過ごすのが大好きなイギリス人。庭でバーベキュー、公園での野外コンサート、ピクニックなどなど、夏は太陽の光をめいっぱい浴びないと、気が済まないのです。以前はなぜ？と思っていたのですが、日光浴をすると、「幸せホルモン」と呼ばれるセロトニンと、ストレスの軽減や免疫力を高めるビタミンDが体内で生成されると最近知りました。長くて暗い冬の間に、イギリスでは自殺者が急増します。一方夏は夕暮れが遅く、午後9時くらいまで明るいのです。この時期に日差しをいっぱい浴びることで、幸せホルモンをめいっぱい充電しているのかもしれません。

エリザベス女王とコメモラティブ、英国王室御用達店

2022年に惜しくも亡くなってしまいましたが、私はエリザベス女王のビッグ・ファンです。最初はアンティークマーケットでクラウン・グッズが気になり、ちょこちょこと買っているうちに、エリザベス女王ものが増えていきました。

こうした戴冠式グッズはコメモラティブ（記念品）、コロネーション（戴冠式）といい、アンティークの世界で有名なのは、ヴィクトリア女王のコメモラティブです。大英帝国と呼ばれ、産業革命で国が豊かな時代でヴィクトリア女王は大人気。多くのヴィクトリア女王関連のグッズが作られました。

その後エリザベス女王が主人公の映画やドラマ、ロイヤル関連の本などを読み、女王とロイヤルファミリー、モナキー（君主制）、継承権、のことなどにも興味がわいてきました。夏にロンドンへ行ったときは、バッキンガム宮殿の内部も見学。女王の謁見の間「ホワイト・ドローイングルーム」や王座の間など、テレビや映画、ドラマで見たまま。豪華な調度品やインテリアも、必見です。ロイヤルファミリーがスコットランドに行っている夏の休暇の間だけ、見学できます。

エリザベス女王は1952年に戴冠し、翌年の1953年に戴冠式を行いました。以降、エリザベス女王がご愛用なさるお店には、イングランドをあらわすライオンと、スコットランドをあらわすユニコーンの紋章が掲げられました。また当時王立だったロイヤルメイルのポストには、女王のイニシャル「E&RⅡ」と入っています。

ロンドンにはエリザベス女王が愛用した、英国王室御用達のお店が多数あります。有名なのはチョコレート・ショップ「シャボネル・エ・ウォーカー」。チョコレート好きだった女王は、広大なバッキンガム宮殿の部屋のいたるところにチョコレートを隠しておいて、執務のあいまに召し上がっていたそうです。

夏限定の英国菓子、サマープディング

2018年のイギリス王室は、5月19日ヘンリー王子とメイガンさんのロイヤルウェディング、6月9日エリザベス女王の公式誕生日、翌10日は女王の旦那様、フィリップ殿下の誕生日と、お祝い続きでした。ロイヤルウェディングケーキは伝統のフルーツケーキではなく、エルダーフラワーとレモンのケーキがふるまわれたとか。ヴィクトリア女王から続いた慣習を打ち破る、若いカップルならではのセレクトだったと、評判を呼んだそうです。

エルダーフラワーというのは、西洋ニワトコと呼ばれ、イギリスでは代表的なハーブの一種です。かわいらしい小さな白い花の花粉に効能があるそうで、血流がよくなり、リウマチなどに効果があるといわれています。ハーブティーやお菓子の風味付けに使いますが、生の葉や茎には少量の毒が含まれているため、食用には花だけを使います。

イギリスでは夏の時季、自宅の庭でバーベキューが盛んに行われるので、そのときにもエルダーフラワーのシロップを入れたドリンクをよく飲みます。日本でも販売されているので、ぜひお試しを。マスカットのようなさわやかな風味が特徴です。

[左] エルダーフラワーの花。 [右] エルダーフラワードリンク。

サマープディングは ベリーを贅沢に使って

私が講師をしているカルチャースクールでは、この時期、サマーティーパーティをよく開きました。ティーフーズもテーマにあわせて、ケータリングをオーダーしたり、簡単なものは自作したり。私がパーティのときに必ず作っていたのが、サマープディング。イギリスでは、夏のひとときにしか食べることのできない、限定の英国デザートなのです。

イングリッシュストロベリー。イチゴはスペインなどから輸入されていますが、味が違います。

露地で栽培されている、イギリスのベリー畑。

　というのも、イギリスの野菜や果物は露地栽培が基本なので、旬の時期にしか食べられないものがほとんど。その代表がベリー類で、5月くらいから出回るストロベリーを始めとして、日本でもおなじみのブルーベリーやラズベリー、ブラックベリーやクランベリー、ブラック、レッド、ホワイトなどのカランツ類や日本では桑の実と呼ばれるマルベリーもよく見かけます。めずらしいところではグースベリーという、スグリの一種でしょうか。日本ではけっこうなお値段のこれらのベリー類、イギリスではとても安価でおいしいので、サマープディングにたっぷりと使います。

私が作った、サマープディング。

　サマープディングの「プディング」とは、古い英語で、今では英国菓子を含むデザートの意味。レストランで、メインディッシュを食べ終わったときに「プディングはどうする?」などと、よく声をかけられます。最近は日本でもその傾向がありますが、イギリスでは昔から老若男女問わず、スイーツが大好き。最後のプディングを食べるために、食事をしているといっても過言ではありません。以前レストランで、メインディッシュで満腹になった私は、「デザートはいらない」と断ったら「具合が悪いの?」と、スタッフに心配されたことがありました。以後私もイギリス人を見習って、プディングのためにおなかのスペースをあけておくようにしています。

プディングクラブで教わるサマープディング

私が企画したイギリスをめぐるツアーでは、コッツウォルズのスリーウェイズハウス・ホテルにて、シェフにサマープディングの作り方教室をしていただきました。このホテルは「プディングクラブ」というスイーツのイベントで有名なホテルで、客室もプディングをテーマに、ユニークなインテリアが施されている、イギリス人にも評判のホテルです。私がプディングクラブに参加したとき、同じテーブルになったイギリス人のカップルは、結婚20周年のお祝いで参加したといっていました。

イギリスのお菓子はバターと砂糖をたっぷり使うのが一般的なのですが、サマープディングはバターを使わず、砂糖が控えめで、仕上がりが酸っぱく、さっぱりしています。そしてちょっと古いパンのほうが、ベリーのジュースがよく染み込んで、色がきれいに仕上がります。食べるときにはそのときの気分で、アイスクリーム、カスタードソースや生クリームなどを添えます。それによって風味や甘味を自分好みに調整できるところも、私は気に入っています。日本の蒸し暑い夏にもぴったりなお味ですので、ぜひお試しください。

夏のティーパーティ用に、クリスマスプディングの型で作ったサマープディング。

スリーウェイズハウス・ホテルのサマープディング。

サマープディング

材料（2〜4人分）

イチゴ、ラズベリー、ブルーベリーなど手に入るベリー類……200〜300g

砂糖（グラニュー糖がおすすめ）……大さじ2〜3

サンドイッチ用食パン（耳がないもの）……6〜8枚

直径15〜20cmのプディング型、あるいはボウルなど

作り方

1 ベリー類を鍋に入れ、砂糖をかけて中火で煮る。

2 ジュースが出てきたら弱火にして、3〜5分煮る。

3 煮たベリー類をざるにあげ、果実とジュースに分ける。

4 パンの中央をななめ半分にカットして、ジュースを片面だけに染み込ませ、染みこませたほうが表になるように型に貼る。パンの縁が少し重なるように並べると、なかに詰める果実がはみ出ない。

5 果実を中央に入れ、残ったパンでふたをし、ラップで覆って冷蔵庫で1晩寝かせて完成。食べるときにはお好みで、カスタードソース、生クリーム、アイスクリームなどを添えること。

※日本では夏にベリー類が手に入りにくいことがあるので、冷凍ミックスベリーを使うのもおすすめ。その際には、生のフルーツ（夏が旬のグレープフルーツもおいしい）を1〜2種類入れると、ペクチン作用で中身が固まりやすくなる。

イギリスの夏は、クールデザート

子供の頃から、なぜかぷるるんとしたものが大好物です。特に好きだったのがゼリーで、最初は母に作ってもらいましたが、自分で作れば好きなだけ食べられる！　と、次第に作るように。これが私のお菓子作りの初めて、かもしれません。

英国菓子は焼き菓子が有名ですが、クールデザートもいろいろあります。ゼリーはもちろんのこと、ゼリーとカスタード、スポンジケーキを使った「トライフル」、焼いたメレンゲ菓子を使った「イートンメス」は、その代表といえるでしょう。

ゼリーは最初、アスピック（ゼリー寄せ）などのフランス料理が始まりだったそうです。当時は動物や魚の

魚料理で有名な高級レストラン「スコッツ」のデザートでは、シルバーのトレイに魚型のゼリーが登場。

骨を煮だして作る、とても手間がかかるものだったとか。デザートとしてのゼリーが流行したのは、18世紀末から19世紀のはじめに当時高価だった、レモンやオレンジなどのフルーツを使ったものが大人気になりました。冷蔵技術が発達していない時代なので、現在のものよりかなり固かったそうです。とても高価なデザートで、宴席の最後に大きなゼリーが登場すると、「なんて贅沢！」と、出席者の称賛を浴びたとのこと。そのためかアンティークのゼリー型は、10人分くらいの巨大なものがほとんどです。

市販のメレンゲ菓子を使い、ヨーグルトとブルーベリーなどで作った自作イートンメス。

クールデザートが
アフタヌーンティーにも

イギリス人は、焼いたメレンゲ菓子も大好き。ロンドンのカフェの取材で「イギリスらしいお菓子を紹介してください」とお願いしたら出てきたのが、パブロヴァでした。英語っぽくないネーミングなのは、ロシアのバレリーナ、アンナ・パブロヴァからその名がついたから。私が食べたのは、こぶし大サイズの焼いたメレンゲに、缶詰の黄桃とクリームがたっぷり。外側はサクサク、中がねっとりした焼きメレンゲを食べたのは初めて。クリームはいっさい甘味がなく、メレンゲの甘さとフルーツの甘酸っぱさとクリームのコクがマッチしたおいしさでした。

イートンメスは、パブロヴァとほとんど材料が同じですが、大きく違うのが焼いたメレンゲを砕いて、ホイップした生クリームとフルーツを混ぜ合わせること。メレンゲは、水分を含むとあっというまに溶けるので、食べる直前に混ぜるのがポイント。イートン校というイギリスの有名エリート校の生徒か、その母親が作ったものといわれていて、「メス」とはぐちゃぐちゃ、とか混ぜるという意味があります。イギリスの南東部、ケント州を訪れたとき、とっても大型のメレンゲがたくさん売られていて「何に使うの？」と聞くと「割ってイートンメスにするのよ」と教えてくれました。

私がイートンメスを作るときは、生クリームだけでなく、ヨーグルトも使います。フルーツはなんでもいいのですが、イギリスではこの時季から出回るベリー類、イチゴやブルーベリー、ラズベリーなどがよく使われます。メ

「シャングリ・ラ東京」でのパーティで出た、イートンメス。

私が作ったレモンポセット。見た目が地味だったので、レモンの皮をトッピング。

レンゲを作るには、低温のオーブンでじっくり焼き上げないといけないため、私はめんどうなので、市販のメレンゲを使って作っています。

トライフルやイートンメスはとても家庭的なおやつだったのですが、最近は高級ホテルのアフタヌーンティーにも、よく登場します。こういったクールデザートはロンドンのホテル「クラリッジス」のシェフが出し始めたと、聞いたことがあります。

ピーチメルバも、大好きなクールデザートのひとつ。19世紀の終わり、ロンドンのサヴォイホテルの料理長だったエスコフィエが、オペラ歌手のメルバさんのために作ったといわれています。バニラアイスクリームに白桃のコンポートを乗せ、ラズベリーソースをかけます。他のフルーツもあわせてみましたが、やっぱり白桃がいちばん。子供の頃に、日本のホテルで食べて以来の大好物です。毎年モモの季節になると、自分でコンポートを作って楽しんでいます。

昔はドリンク、今はデザートに

かつてドリンクとして愛飲されていたものが、現在はクールデザートに変化したものがあります。「レモンポセット」という、生クリームと砂糖、レモンを混ぜたデザートです。レモンの酸でクリームが固まり、ムースのような食感になります。このポセットは、中世のシェイクスピアの時代に、温めた牛乳に砂糖とお酒を入れた、ちょっとおしゃれな飲むデザートだったとか。

私はポセットより軽めな「フール」

大好物のピーチメルバは、毎年作ります。器はお気に入りのアンティーク・バカラ。

という、クールデザートもよく作ります。イギリスではグースベリー（西洋スグリ）を使うそうですが、甘酸っぱい果物のピューレだったらなんでもOK。私はここ数年、フール用に砂糖を控えたイチゴジャムを作っています。それと豆乳を混ぜ合わせると、イチゴジャムのペクチンのせいか、ちょっととろりとしたドリンクのような、デザートのようなものができあがります。フールもどきですが、生クリームを使うよりさっぱりしています。分量は、その日の気分次第で。ジャムを多めにすると、よりとろりとします。イチゴ以外に、ルバーブのジャムを使うのもおすすめです。

自作イチゴジャムと豆乳で作る、フールもどき。

小粒の酢っぱいイチゴで作る、自作のイチゴジャム。

ラズベリーは嫌われもの？

ロンドンでいちばん長く住んだフラットは1階で、庭がありました。フラットメイトがガーデン好きで、庭の奥のほうにリンゴの木があり、ラズベリーがなっていると教えてくれ、実を摘んで、ジャムを作ったりしました。庭に果実の木があるなんて、イギリスらしい暮らしぶりでいいなと思っていたのでした。

しかしガーデニング好きの友人宅へ行ってみたら、「ラズベリーやブルーベリーは、繁殖力が強く、塀を倒すくらいに成長するから、庭好きには嫌われものなのよ」といわれました。ラズベリーはバラ科なので、駆除しようにもトゲが多く困難なのだそうです。

ムースのような、レアチーズのようなおいしさのレモンポセット

Lazy Daisy Bakery

Lazy Daisy Bakery

Lazy Daisy Bakery（レイジーデイジーベーカリー）の店主、中山真由美さんとは、雑誌の取材で知り合い、そのときに初めて中山さんのスコーンを食べておいしさに感動！　それ以来おつきあいさせていただき、2022年にはご一緒に書籍を作りました。

中山さんのお店は、東京・湯島の閑静な通りにあって、基本的におひとりで製造、販売を行っています。オープン前からお客さんが並び、午後早めには売り切れてしまうこともあるという、人気の英国菓子店です。

私は勝手に中山さんにシンパシーを感じていて、それは彼女が以前アンティークディーラーで、お店はひとりでできる限りのお菓子をお作りになっているからかもしれません。私もフリーランスとして自分のペースで本を作り、アンティークを販売しているので、うんうん、わかりますと、お忙しいなか、お会いするといつもいろいろな話でティータイムは長時間に。

中山さんのお菓子は英国菓子ではあるのですが、イギリス本国のものとはまた違う、中山さんのオリジナリティあふれた英国創作菓子でもあります。そして一度食べたら、すぐにまた食べたくなるという不思議な魅力があります。行列が絶えない人気店なので、買うのはなかなかたいへんではありますが、ぜひ一度食べて、おいしさをご堪能していただきたいです！

レイジーデイジーベーカリーでは焼菓子の販売をしていますが、今回は特別にお願いして、お店で出していないクールデザート「レモンポセット」を作っていただきました。材料が少なく、

レイジーデイジーベーカリー・中山真由美さんのお店やレシピは、90、142ページでもご紹介しています。

お店のシンボル、ハリネズミを飾った店内。

Lazy Daisy Bakery店主の中山真由美さん。

お店で販売しているビスケットやショートブレッドと、今回特別に作っていただいたレモンポセット。

作り方も簡単ではありますが、「クリームの加熱の仕方がポイント」とのことでした。ぜひ、作ってみてくださいね！

Lazy Daisy Bakeryのレシピ

Lazy Daisy Bakeryのレモンポセット

作り方

1 小鍋に細目グラニュー糖とレモンゼストを入れ、指先でよく混ぜ合わせる。

2 1に生クリームを合わせて弱火にかけ、常に混ぜながらグラニュー糖が完全に溶けるまで加熱する。沸騰しないように注意し、ときどき混ぜながらさらに1分ほど加熱する。

3 火からおろし、レモン果汁を加えてよく混ぜ合わせ、ザルで濾す。

4 グラス5つに分け入れ、ラップで覆って冷蔵庫で2時間以上冷やす。

材料（150gくらいの小さめのグラス5個分）

細目グラニュー糖……100g
レモンゼスト（表皮のすりおろし）……1個分
生クリーム……400g
レモン果汁……40g

下準備

- レモン1個の表皮をすりおろす。
- 1個から1個半のレモンから果汁を絞っておく。

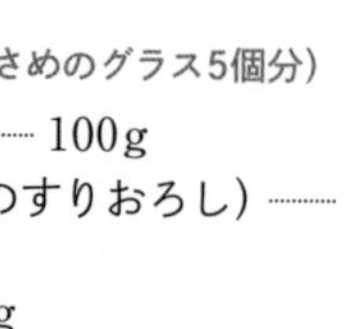

アンティークとヴィンテージ シガレットカード

私の最初の本は、イギリスのアンティークについて(『ロンドン・アンティーク物語』共著・東京書籍)。その後アンティークディーラーとなり、Bebe's Antiquesとして、イギリスのアンティークや雑貨の卸販売を始めました。

扱っているものは、自分の好きなもの。以前「あれを入れてほしい」「こういうのがほしい」と、お店からのリクエストにお応えして、自分の趣味じゃないものを仕入れた商品が売れ残り、とても悲しい思いをしました。以後、自分の好きなものだけを買いつけようと決めたせいか、今でも楽しく営業中です。

私は古い印刷物が好きで、最初に集めたのがシガレットカード。ヴィクトリア朝時代のたばこの箱に入っていたカードで、それがアンティークとして流通しています。イギリスにはコレクターもいて、私はイギリスに行くたびに少しずつ買ったり、日本の業者さんから手に入れたり。

シガレットカードは、イギリスのポストカードフェアという、古い絵はがきなどのフェアで探します。ポストカードがメインなのですが、同じ印刷物ということでシガレットカードも販売されるのです。

5〜6年前に行ったアンティークフェアでは、プリントものだけを扱うディーラーさんから、1960年代のレースペーパーやクリスマスプレゼントの包み紙など、ヴィンテージの紙製品を買うことができました。当時のレースペーパーは、まず鋳型を作り、それで1枚ずつ切り抜いて製作していたそうです。こうしたものたちは、大量生産されましたが大量消費され、残されているものが少なく、見つけたとき必ず買うようにしています。

The Royal Scotsman Kagurazaka Tokyo
200ml Net Weight

COOKIE CUTTER

HONEY £4

Rodda's
classic cornish
clotted cream

40代、英語のブラッシュアップのためにプチ留学へ

40代のはじめ、私は疲れていました。今思えば、何に疲れていたのか？ 自分の過去に興味がない私は、忘れていることが多いのですが、プチ留学へ出かけたことは忘れられない思い出です。

当時外資系企業で働いていた友人が、英語のブラッシュアップのためにイギリスへプチ留学をしたと聞き、私も行ってみたい！ と学校を紹介してもらい、アンティークの買いつけも含めて、2005年5月にイギリスへ出かけました。

私が行ったのはロンドンから約1時間、イギリス南東部ケント州のタンブリッジウェルズにある英語学校です。学校から徒歩1時間、駅から徒歩30分のところに、学校の事前の紹介でホームステイすることになりました。

ホームステイ先は、最近ロンドンから引っ越してきたという、私より若い夫婦。奥さんは看護師で、ご主人は休職中だったせいか、家事は主にご主人の担当でした。それまでは奥さんが料理をしていたらしく、彼の料理の腕前はまだまだ初心者。夕食作りの時間になると、電話で奥さんに調理法を聞いているらしく、そんなやりとりがキッチンからよく聞こえてきました。

私は以前ロンドンでホームステイをしたことがあり、そこは日本の英会話学校の先生のお母さんの家で、英語が話せずにコミュニケーションがとれない私と、ホームステイをやり始めたばかりで要領を得ていないお母さんと、ちょっと困ったりしたのでした。ホームステイのトラブルはよく聞くのですが、ステイ先で楽しく過ごすには、ホストファミリーにいろいろな期待をしないと、うまくいくようです。今回の私は

わずか2週間だけ、学校が休みの週末はロンドンの友人宅へ泊まりに行っていました。ご主人のお料理は少しずつうまくなっていったのですが、なんせ家を買ったばかりで節約しているのと、野菜料理が苦手なご様子。なので私は、「学校にランチを持って行くから、冷蔵庫に食材を入れさせて。そしてもしよかったら食べてもいいからね」と、スーパーマーケットに行って好きなものを買ったりして、最後のほうはご主人と一緒にサラダなど野菜料理を作っていました。

そのおかげかホームステイを終える夜、イタリアンレストランでご夫婦にごちそうになりました。節約中なのに申し訳ないといったら、偶然にもその日、ご主人のお仕事が決まったとのこと。おめでたい日なので気にしないで、といわれました。

日本との仕事のために、1日1回はPCでメールチェックをしていたのですが、学校ではうまくつながらず、ホームステイ先で「仕事のメールチェックだけさせて」と断り、使わせてもらいました。ご主人が通信関係の学校出身者だったこともあり、理解があってよかったです。でも最初使わせて！　といったら「学校でやったら？　タダだし」といわれたので、学校でつながらなかったことを説明し、再度交渉したらOKがでました。イギリスでは自分がやりたいことがあったらあきらめないこと、ダメもとで交渉してみる、というのはかつてのイギリス暮らしで学んだ知恵です。

英語学校での私は、以前と同じく劣等生。高校を卒業してすぐにやってきた日本人女子や、イギリスで病院勤務の資格を取りたいと1年以上いる女性や、私も知っているロンドンの有名レストランの後継ぎで、英語がうまいのに長年学校へ通う韓国人男性、モデルのように美しく高飛車なロシア人女性、私のようにプチ留学している日本人女性たちなど、クラスは6～8人くらい。私がいちばん年上で一番成績が悪いので、最初は相手にされない感じでしたが、2週目くらいに韓国人男性のフラットのホームパー

ティに誘われたので行ってみると、お酒が進むにつれてだれとだれがつきあっている、だれがだれに片思いしているなどの話を聞いて、みんな若いな～、がんばって～！　と中年留学生はうらやましく思いました。

最後の授業が終わって私がロンドンに帰る前に、みんなで初めて学校近くのパブへ行きました。イギリスでパブに一度も行ったことがないという人がけっこういて、びっくり。まずはビールやソフトドリンクの頼み方から、メニューの説明など、私の送別会のはずなのに、私が幹事に。私がロンドンに住んでいたと聞き、「今度初めてロンドンに遊びに行くんですが、危なくないですか？」と聞いてくる人も。ケントにくらべたら危ないかもしれないけれど、それは日本でも一緒では？　と、地下鉄の乗り方、おすすめのミュージアムなどを教えているうちに時間切れ。盛り上がっているクラスメイトたちを後に、私は夕方ロンドンへ戻りました。

肝心の英語がブラッシュアップされたかどうかは「？」なところですが、2週間、いろいろなことを忘れて英語の勉強だけで過ごしたのはいい経験でした。宿題も多く授業後は自習、ホームステイ先では夕食前と夕食後に宿題をしていると、あっというまに寝る時間。週末はロンドンの友人宅で、終わらなかった宿題を手伝ってもらったことも。脳から英語がこぼれ落ちそうになるくらい、英語漬けな日々でした。もうちょっと時間の余裕があったら、観光地で有名なタンブリッジウェルズを楽しんだことでしょう。

つい最近、私と同世代の方がイギリスへの留学を考えていると相談されました。フラメンコを教わるために、スペインへ60代で留学するという話も聞いたばかりで、最近は子育てが終わった後に、お一人で留学する方が多いようです。私もまた英語の勉強を？　英語は一生の友であり、先生でもあります。あんなに勉強したのにだいぶ忘れてしまったので、まずは字幕なしで海外映画を見るところから始めましょうか。

British Sweets and Bread

Autumn

秋

これぞ英国菓子ならでは!? トレイベイク

トレイベイクとは、イギリスの家庭でとてもポピュラーな焼き菓子の作り方です。オーブンの天板（トレイ）に生地を流し込んで、そのままオーブンへ。焼き上がりを四角にカットしたら、「スライス」「スクエア」という名前の英国菓子になります。材料にオートミールなどを使って長方形にカットすれば、シリアルバーにもなるのです。

日本ではアメリカ菓子として有名なブラウニーも、トレイベイクの一種です。ブラウニーだけでなく、バナナブレッドやパウンドケーキ、チーズケーキの生地なども、トレイベイクになります。一般的な作り方よりも生地を薄く焼き上げるので、すぐにできるのも特徴のひとつです。

私は子供の頃からお菓子作りが大好きなのですが、ズボラな性格のため、簡単なものしか作りません。たとえばクッキーは型抜きがめんどうなので、棒状に固めた生地をスライスして焼きます。ケーキは焼きっぱなしで、デコレーションしなくていいタイプを選びます。トレイベイクは、そんなめんどうくさがりの私でも、簡単に作ることができるのです。

うちのオーブンの天板は底が凹凸しているので、トレイではなく、角型の耐熱容器を使います。トレイベイクは角型、というところがポイント。等分にカットしやすく、大きく切ったらおやつに、小さく切ったらお茶のお供にぴったりなサイズになります。

トレイベイクにおすすめの英国菓子

トレイベイクにはパウンドケーキのような生地が一般的ですが、ビスケット生地やタルト生地など、いろいろなお菓子のタイプを作ることができます。私が好きなのは、やや柔らかめの

代表的なトレイベイクのお菓子フラップジャックと、スコーンにバター&ジャム。

長方形にカットした、コーヒー&ウォールナッツトレイベイク。ローフ型で焼いたバナナブレッドは、トレイを使って焼くことも。

ビスケット生地で、ジャムやドライフルーツをはさんで焼いたもの。「ガリバルディ」という、薄くて堅いイギリスのビスケットがおおもとなのですが、それをちょっと厚めに柔らかくアレンジしたものです。サルタナレーズンとマーマレードやジャムを使います。

日本では、干しブドウというとアメリカ・カリフォルニア産のレーズンが一般的ですが、イギリスではトルコ産またはオーストラリア産のサルタナレーズンのほうが一般的です。カリフォルニア産よりも色が薄めで柔らかいのが特徴です。私はもともと干しブドウが好きなのですが、イギリスで知ってから、柔らかくさっぱりした甘さのサルタナをよく食べるようになりました。

レーズン以外にもトレイベイクでは、いろいろなドライフルーツを使います。おすすめはアプリコットやイチジクですが、イギリスではデーツも人気です。
マーマレードを使うのは、ほろ苦さと柑橘類のフルーティさを増すため。イギリス製のビターなマーマレードがおすすめですが、ない場合はイチゴやブルーベリーなどのジャムでも。この焼き菓子は、焼きたてだとほろほろ&サクサク、冷めたときはソフトタイプのビスケットに。両方の食感を味わいたくて、私はでき上がったとたんに食べてしまいます。作りたてのおいしさを味わうことができるのが、ホームメイドのよさ。冷蔵庫にマーマレードやジャムがあったら、ぜひ作ってみてください。

フレッシュフルーツを使った、トレイベイク

生のフルーツを使ったトレイベイクも、イギリスではよく作ります。こちらは焼き上がりが柔らかいので、他のトレイベイクのように完成品をカットして長期保存、というわけにはいきませんが、でき上がったらトレイのまま、温かいうちに食卓で分けて食べる楽しさがあります。

私が作った、ルバーブクランブル。

ルバーブクランブルには、食べるときにアイスクリームやホイップクリームをソースがわりに。

私が持っているベイク用の型は、ガラスと鉄、ホーロー製があります。火の通りが早いのは鉄製ですが、食卓にそのまま出すときにはガラス製かホーロー製を選びます。こうしたトレイがなくても、グラタン皿のような耐熱食器なら、なんでもOKです。

トレイベイクの材料は、いろいろ応用がきくのも気に入っているところ。マーマレード、ジャムが中途半端な量しかなかったら、両方を生地に塗り分けて味の違いを楽しんだり、アーモンドスライスをトッピングしたり、チョコレートチップやクルミを入れたり。家にある材料で気軽に作るトレイベイクは、ホームメイドのハードルが低く、素朴なものを愛するイギリスならではのお菓子といえるでしょう。

トレイベイク用の型。ブルーのふたつきガラス容器は、フランス製ヴィンテージ。

サルタナレーズンと マーマレードのスライス

4 3の生地をまとめ、ラップにくるみ30分冷蔵庫へ入れる。

5 4の半量を、オーブンシートを敷いた角型に入れて薄くのばし、レーズンを均等に乗せ、その上にマーマレードを塗る。

6 4の残りの半量をオーブンシート2枚にはさんで薄くのばし、5にかぶせてそっと押しつけ、生地と生地でレーズンとマーマレードをはさむ。

7 ナイフで生地の表面にすじを入れ、残しておいた卵液を表面に塗る。(足りない場合は牛乳(分量外)を足すこと)

8 180℃に予温したオーブンで25〜30分焼く。

9 焼き上がったら型からはずし、適当な大きさにカットする。

材料(15cmの角型1台分)

薄力粉 …… 100g
ベーキングパウダー …… 小さじ1/2
バター …… 60g
砂糖 …… 60g
卵 …… 1個
サルタナレーズン …… 80g
マーマレード …… 60g

作り方

1 常温で柔らかくしたバターをボウルに入れ、クリーム状になるまで混ぜ、砂糖を入れてさらに混ぜる。

2 1に溶いた卵2/3を少しずつ入れて混ぜる。

3 薄力粉とベーキングパウダーを一緒にしたものをふるいにかけ、2に入れてさっくりと混ぜる。

カントリーハウスのようなたたずまいのティールームでおいしい紅茶とお菓子を

アンティークティールーム マリッジ

Antique Tea Room Marriage

1791年11月1日、エカテリーナ2世に謁見した大黒屋光太夫が、日本人で初めて紅茶を飲んだ日といわれている記念日に、「アンティークティールーム マリッジ」はオープンしました。オーナーは西澤眞理さん。甥の竹澤一さんが店長で、おもにお菓子を担当しています。

私はずいぶんと前に眞理さんと共通の友人を通して知り合い、以前はご自宅だった現在のティールームにて、イベントをやらせていただいたり、個人的にごちそうになったり。それから月日がたち、最近眞理さんと竹澤さんが私のイベントにご参加くださったときに、あの素敵なご自宅がティールームになるとお聞きして、これはぜひぜひ行ってみたいと、オープン前とオープン直後にお邪魔しました。

店名に「アンティークティールーム」と名づけられたように、眞理さんのコレクションであるリアルアンティークが、ティールームのいたるところに飾られています。イギリスでアンティークといえば、100年以上を経た文化的、財産的に価値のあるものを指します。アンティークでもいろいろな格づけがあって、博物館に展示してもおかしくない芸術的価値のあるアンティーク、それが眞理さんのティールームにあるリアルアンティークなのです。

ずいぶん前にお訪ねしたときも、今

オーナーの西澤眞理さんと、店長の竹澤一さん。

お菓子を担当する竹澤さん。キッチンは、家庭用を営業用に改装。

季節のケーキ2種とスコーン、焼き菓子、ゼリーと紅茶がセットになった「マリッジプレート」。

回も思ったのですが、こちらで眞理さんのお茶をいただいていると、気分がほっこりしていつまでもここにいたい、帰りたくない、そんな気分になります。なぜ？　と考えたら、まるでイギリスのカントリーハウスを訪れたかのような、懐かしく、イギリスでののんびり過ごした日々を思い出すからかもしれません。

こちらでは優雅なティータイムを過ごしていただきたいと、お客様の人数をできるだけ限定しているそうです。とても広いスペースですが、たしかにギュウギュウに人が入ったら、この大切な空間や雰囲気が壊れてしまいます。

眞理さんは紅茶教室の先生でもあり、いれてくださる紅茶がすばらしくおいしく、以前、お料理やお菓子もとてもおいしくいただいたことがあります。その味を竹澤さんが受け継ぎ、さらにいろいろ研究なさって、オリジナルの英国菓子を提供されています。紅茶と英国菓子、おふたりの息がぴったりとあった、双方のマリアージュが堪能できます。

お庭の造作、建物の細部、そして室内のアンティーク、すべてに眞理さんのセンスのよさが散りばめられています。お聞きしてみると、おばあ様の代から、こうしたアンティークがお好きだったとか。食器のコレクションも多数お持ちで、季節にあわせてティーフーズを変えるとともに、サービスするテーブルウエアも変えるそうです。それもまた、リピーターの大きな楽しみですね。オープン後、すぐに予約でいっぱいになってしまったそうですが、秘密の場所として、仲のよい友人と少人数で訪れたいティールームです。

REJOICE WITH ME
FOR I HAVE FOUND MY
SHEEP WHICH WAS LOST

ANTIQUE TEA ROOM
MARIAGE
TEA AND BRITISH CAKE

Antique Tea Room Marriageのレシピ

アンティークティールーム マリッジのスコーン

材料（5.5cmの丸型×8〜9個分）

中力粉 ……… 250g
無塩バター ……… 50g
グラニュー糖 ……… 50g
ベーキングパウダー ……… 6g
卵 ……… 1個
牛乳 ……… 70〜80mL
打ち粉 ……… 少々

下準備

- オーブンは200℃に予熱しておく。

作り方

1 中力粉とベーキングパウダーをボウルにふるい入れる。

2 1にバターを加えカードで切り込んだ後、指でバターを潰すように混ぜ込む。

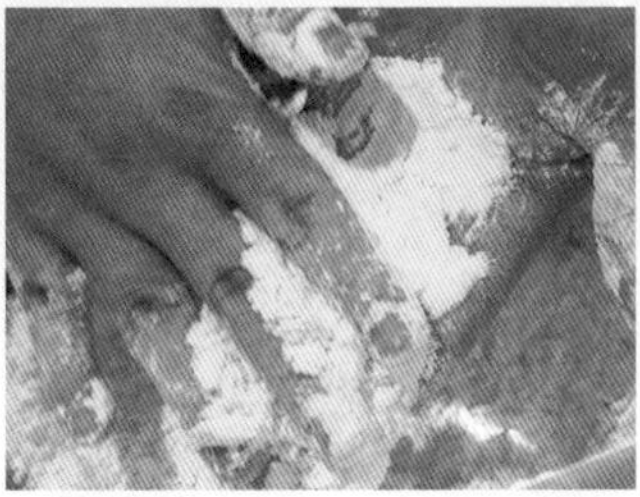

3 2を手のひらを使ってさらに混ぜ込み、グラニュー糖を加えて混ぜる。

4 卵と牛乳を混ぜた液を3に少しずつ入れ、生地がまとまる状態になるまで、加減しながら加える。

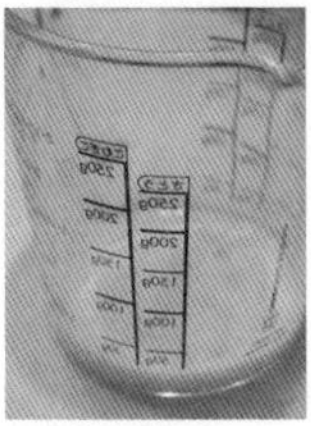

※注・季節によって液の量は変化するので、余る場合もある。

5 4にラップをして、15分ほど冷蔵庫で寝かせる。

6 打ち粉をした台に生地をとり、表面が滑らかになる程度までめん棒で軽く練る。

7 めん棒を使い生地を長方形に整え、三つ折りにしてから2.5cmの厚さにのばして丸型で抜き、オーブンシートを敷いた天板に並べ、卵液（分量外）を表面に塗る。

8 200℃に予熱しておいたオーブンを190℃に下げ、13～15分ほど焼く。

Antique Tea Room Marriage のレシピ

アンティークティールーム マリッジの キャロットケーキ

材料（15cm の丸型 1 台分）

中力粉 …… 125g
ベーキングパウダー …… 2g
重曹 …… 2g
シナモンパウダー …… 1～2g
サラダ油 …… 100g
ブラウンシュガー …… 130g
塩 …… 少々
溶き卵 …… 2個分

ポイント

春先はニンジンの
水分が多い為、軽く搾り
水分を減らすとよい。

下準備

- ニンジンは皮をむき、すりおろす。
- クルミは粗く刻んでおく。
- オーブンは180℃に予熱しておく。

作り方

1 ボウルにサラダ油、ブラウンシュガー、塩、溶き卵を合わせ、ホイッパーで滑らかになるまで混ぜる。

2 中力粉、ベーキングパウダー、シナモンパウダー、重曹を合わせたものを1にふるい入れ、ゴムベラで混ぜる。

3 ニンジン、クルミ、バニラエッセンスを加え切るように混ぜる。

4 3を型に流して、180℃に予熱したオーブンで、40分ほど焼く。

5 焼き上がったらすぐに型から外し、冷ましておく。

仕上げ

- ケーキが冷めたら、室温に戻した無塩バターと クリームチーズを ボウルに 入れ よく練り、粉糖を加え ゴムベラでよく攪拌したクリームチーズアイシングを、ケーキの上に均等に塗る。

ニンジン ……… 150g
クルミ ……… 30g
バニラエッセンス ……… 数滴

仕上げ用クリームチーズアイシング

無塩バター ……… 40g
クリームチーズ ……… 40g
粉糖 ……… 72g

私のイギリス旅スタイル
ロンドンでパン教室、地方へ買いつけに

ロンドンの有名ベーカリーのパン教室に参加

2018年9月、毎年恒例のイギリス取材へ出かけてきました。私は文筆業のかたわら、アンティークディーラーもしているので、買いつけも同時に行います。そして毎回「イギリスで何を食べるか?」が、旅の大きなテーマ。今回もいろいろなものをいろいろなところで食べましたが、今回は初めてロンドンでパン教室へ行くことに。

教室は、下町のロンドンブリッジ駅近くにあるバラマーケット内「ブレッド・アヘッド」という有名ベーカリーです。2013年に創業、現在イギリスで主流となった、アーティザンベーカリーの草分け的存在のパン屋さんです。とくにパン教育に力を入れており、最近は海外にもスクールがあるそうです。いろいろなクラスがあるのですが、私は「ブリティッシュ・クラシック・ワークショップ」という、いちばん初心者向けの教室に参加しました。

バラマーケットはナショナルレイルという、日本でいえばJRのような鉄道の高架下にある、食料品マーケットです。地域の再開発のため閉鎖の噂もありましたが、観光スポットとして大きな注目を浴びたせいか(映画『ブリジット・ジョーンズの日記』のロケ地として有名)そんな話はいつのまにかなくなり、現在はとても人気のあるマーケットです。とくに毎週金曜日開催のオーガニックフードマーケットが有

バラマーケット内。朝は閑散としていたが、午後は大混雑。

ブレッド・アヘッドの店舗。2013年に屋台から始めたお店も、現在はスローン・スクエアやソーホーなどに支店が。

名です。

当日は午前8時頃に行ってみると、時間が早すぎたせいか、マーケットにはお客さんがほとんどいません。ぐるっと1周してみたら、隅のほうにブレッド・アヘッドを発見。ふだんショップは大行列ですが、こちらもまだだれもいません。大人気のクリーム入りドーナツを買い、その場で食べてみました。コクのあるクリームと、いい油で揚げてあるらしく、思いのほかさっぱりしたドーナツがおいしい！　基本のバニラ味はイギリスにしては甘さ抑えめでクリームがおいしく、ほろ苦いコクのあるキャラメル味も美味。どちらもおすすめです。これは並んでも買う価値があります。

パン教室のほうは、午前10時から開始。約3時間でポテトブレッドというジャガイモを使ったパンと、ウエルシュケーキというウエールズの伝統的なお菓子、イングリッシュマフィンを作ります。ヨーク出身だという陽気でおしゃべりな先生のもと、生徒は全部で12人。常連さんもいるようで、先生と楽しく話しながらも手は忙しく

ブレッド・アヘッドの人気商品のドーナツ。いちばん左が定番のバニラ。

ブレッド・アヘッドの教室。

新ジャガとローズマリーをトッピングして焼いた、ポテトブレッド。ブレッド・アヘッドはハード系のパンも定評があります。

動かし、次々に作っていきます。私は久しぶりにパンを作るので膨らむか心配だったのですが、結果はとてもよくできました。

　最初に作ったポテトブレッド生地を発酵させている間に、ウエルシュケーキのデモンストレーションがありました。紅茶やコーヒーはセルフサービスで、それを片手に、先生が作った焼きたてのウエルシュケーキを立ったまま味見。こういうスタイルって、日本ではあまりないかな？　生徒と先生が対等というか、自由な感じがします。そして英語がわからなくても、周りの人の動きを見て進めていけば、なんとかなります。

　その後イングリッシュマフィンを作りましたが、有能なアシスタント2名がさっとかたづけてくれたり、手伝ってくれたりのビッグヘルプがあり、教室は3時間ちょっとで終了。ずっしりと重たいパンをお土産に持ち帰り、一緒に参加した友人とホテルでいただきました。

やや饅頭のような形になった、私が作ったイングリッシュマフィン。

陶磁器のふるさと
ストーク・オン・トレントへ

　私のイギリス旅のスタイルは、日本からロンドン入りして、翌日と翌々日あたりはロンドンで時差ボケ調整、その後地方へ買いつけに出かけます。今回もロンドンから鉄道で約2時間、「イギリス陶磁器のふるさと」として有名なイギリス中部にあるスタッフォードシャーのストーク・オン・トレントへ行ってきました。

　この地は窯業がさかんで、ロイヤルドルトン、ミントン、ウェッジウッドなど、かつては多くの有名陶磁器会社がありました。1980年代、イギリス製造業の衰退により工場が次々に閉鎖されましたが、現在はウェッジウッドとスポードは再開、バーレイはチャールズ3世が皇太子時代にスポンサーとなって再建されました。地域は6つの町と村が統合されており、駅やショッピングセンター、ミュージアムなどの中心部は、ハンレイという町に集まっています。

　さて買いつけも終わり、ランチをとあてにしていたティールームがその日にかぎり貸し切りで入れず……。ど

オウル・ジャグ。

ポテリーでまた食べた、薄いオートケーキ。

ザ・ポテリーミュージアム&ギャラリー。

うしようか？　そうそう去年行った、ミュージアムのカフェへ行こう！　と通りかかったタクシーに運よく乗って、「ザ・ポテリーミュージアム&ギャラリー」へ向かい、この地方の名物で、私の大好物オートケーキをいただきました（オートケーキの詳細は、26ページを読んでくださいね！）。

　もしもイギリスの陶磁器にご興味があったら、ぜひこのミュージアムへ！　まずは入り口にある「オウル・ジャグ」（フクロウ型の水さし）を見てください。これは「アンティークロードショー」というイギリスのテレビ番組で紹介され、価値ある逸品と判明した結果、持ち主が寄贈したものです。

　この地独特の焼き物「スタッフォードシャーフィギュア」というヴィクトリア朝時代に流行した人形も、展示品が多数あり、見ごたえがあります。当時の有名人や風俗などをフィギュアにして販売したものを、ヴィクトリア朝時代の人々はリビングの暖炉に飾り、楽しんだものでした。私がアンティーク業を始めた30年前頃にはまったく人気がなかったのですが、最近好きな人が増えてきたようです。アンティーク市場でも、なかなかの高値がつけられています。

英国紅茶とスープ

　蒸し暑い夏がすぎて少し涼しくなり始めると、私のモーニングルーティーン、温かいお茶の季節がやってきます。起きてすぐはトワイニングU.K.の「レモンジンジャー」というハーブティーを飲み、それから朝食とともに、トワイニングU.K.の「エブリディ」というブレンドティーを飲みます。最近の私は牛乳をたっぷり入れたミルクティーよりも、少し甘みのついた、調製豆乳を使います。豆乳はイギリスより日本のほうがおいしくて、それは原料である大豆以外にも、水に関係があるかもしれません。イギリスの水は基本的に硬水で、日本は軟水です。豆腐を作るには軟水が適しているそうですから、豆腐のもとである豆乳を作るのにも、軟水のほうが向いているのかもしれません。最近イギリスでは豆乳以外にも、オーツミルク、アーモンドミルク、カシューナッツミルクなどが一般的になってきました。

　イギリスのナショナルドリンクといわれてきた紅茶ですが、残念ながら最近はコーヒーを飲む人のほうが圧倒的に多いようです。きっかけは、スターバックスやシアトルコーヒーカフェなどのコーヒーチェーンの進出です。それらがオープンするまでは、おいしいコーヒーを飲んだことがないイギリス人が、ほとんどでした。カフェでコーヒーを頼んでも、インスタントが出てくることも。そしてこの頃、イギリス人も日本人同様、忙しい人が増えてきました。そうした人々に、コーヒーのガツンとした味が好まれるのかもしれません。しかしイギリスも不景気の波がやってきているようで、節約のために、マイボトルのコーヒーを持って通勤する人々の姿を多く見かけるようになりました。

　また、以前は「ブラックティー」と呼ばれるほど濃く抽出した紅茶に、牛乳をたっぷり入れたミルクティーが好まれましたが、最近はそれよりも薄めに抽出したストレートティーを牛乳なしで飲む人も増えてきました。その結果、英国紅茶のブレンドも変化しています。昔の味が好きな人は「ストロング」というブレンドを選ぶか、一般的なブレンドのティーバッグを2個いっぺんに使う人もいます。

カレンスキンクとは?

私がイギリスで暮らして何がうれしかったかというと、この国は私の好きな「液体」がとてもおいしく、ポピュラーだったこと。紅茶、ビール、そしてスープ。粉状のインスタントスープですら濃厚で味にパンチがあり、最近は冷蔵保存のパウチされたフレッシュスープがお気に入りです。

私のスープ好きは、母の親戚が下町でやっていたレストランで、子供の頃に飲んだスープから始まったような。レストランでいただくコンソメやポタージュもおいしかったけれど、いちばん好きだったのが「サービススープ」と呼んでいた、マグカップに半分ほど入った野菜入りのコンソメ。レストランが満席のときには裏にあった親戚の家でこたつに入り、スープを飲んで待ったものです。

私がロンドンのホテルに滞在するときは、朝食かランチに、ホテル近くのお気に入りサンドイッチショップ「プレタマンジェ」に行き、スープとサンドイッチを買います。スープの種類はたいてい2〜3種類ありますが、いずれもたっぷりな量。マカロニなどパスタ入りのトマトスープを選ぶと、一緒に買ったサンドイッチを残してしまうほどのボリュームです。

スモークサーモンで作ったスコットランドのスープ、カレンスキンク。

カントリーサイドのティーハウスでのランチではスープとパンが一般的で、イギリス人は毎日ローストビーフを食

ロンドンの「ラ・フロマジュリー」で食べたスープとパン&チーズ。

べている、なんてイメージもあるようですが、ふだんの食生活はとても質素。しかしデザートは欠かせないようで、食後に大きなケーキ、あるいはアイスクリームをよく食べています。

イギリスのスープは、「ブロス」という、野菜とチキンで作ったクリアなスープが基本ですが、その土地によって、名物スープがあります。ウエールズへ行ったときには名産のリーク（ポロネギ）とジャガイモを使ったクリームスープを。スコットランドでは、さきほどのブロスに肉や豆、大麦などを入れた「スコッチブロス」もおいしいのですが、「カレンスキンク」というクリーム味のフィッシュスープもおすすめです。スモークド・ハドックというタラの一種を燻製したものを使いますが、日本で私が作るときは、スモークサーモンを使います。ジャガイモやタマネギなどが入り、さっぱりしたクラムチャウダーのような味わいです。

他にもグリーンピースのスープやマッシュルームのスープ、ニンジンとコリアンダーのスープなども、とても一般的です。もしイギリスのレストランや料理のおいしいパブ、ティーハウスへ行かれることがあったら、スープを頼むと、濃厚で野性味あふれるイギリス野菜のおいしさが実感できると思います。

ただし注意したいのは、そのボリューム！　最近ロンドンのレストランなどでは少なめになってきたのですが、地方などへ行くとまだまだ。どんぶりくらいの大きさのボウルに濃厚なスープがたっぷりと入っていて、もうそれだけでおなかがいっぱいに！　なんてこともあります。

濃厚なグリーンピースのスープは、イギリスの定番。コッツウォルズのパブにて。

固形スープの元祖「OXO(オクソ)」

イギリスでスープの素といえば、オクソです。1840年にドイツの化学者が濃縮肉エキスを発明し、それをイギリスにて商品化、1899年にオクソブランドができました。1910年にはキューブ状に固形化して、第一次世界大戦時、非常食として兵士に配られたことで人気を博したそうです。オクソというユニークな名前は、定かではないのですが、英語の「OX(オックス、雄牛の意味)」からきている、といわれています。現在でもイギリス中で販売されていて、最初はビーフのみでしたが、その後チキンやラム、ベジタブルも発売。最近はヴィーガン用に、ミートフリーのビーフ風味、チキン風味もあるとか。

私が最初にオクソを知ったのは、ロゴが入ったノベルティから。アンティークやヴィンテージには「アドバタイジング・グッズ」という、広告用に作られた販促品などを扱うディーラーや、それを集めるコレクターがいます。私もアドバタイジングものが好き。とくにオクソは私の好きな赤がブランドカラーなので、よく集めていました。スープキューブはその後知って、今でもイギリスへ行くたびに買ってきます。

[上]ブリキ製のオクソの古い看板。
[左]オクソのヴィンテージ・ティータオルと、現在販売中のオクソ・キューブ。最近は角型ではなく、X型をしています。
[下]スープキューブを保存するための缶。

おすすめの
お店と
おいしいレシピ

イギリスのティールームで知った、イギリスの味
Lazy Daisy Bakery

Lazy Daisy Bakery

英国菓子作りのエキスパートである中山真由美さんに、今回はスープとパンを作っていただきました。中山さんは毎年ティーハウスを訪れるために、イギリスに1ヵ月滞在してティーハウス巡りをしています。訪れた店数はすでに500店を超えるそうです。

ティーハウスでは、もちろんスコーンや英国菓子、お茶といったメニューがメインではありますが、ホームメイドのおいしいスープを出してくれるお店もたくさんあります。そのなかでも中山さんのおすすめは、イギリス南東部アランデルにある「ベリンダティールーム」のキャロットスープとソーダブレッド。

「アランデルは、中世の建物が立ち並ぶ美しい街です。ベリンダティールームも太い梁があり、馬具の一部がお守りなのかな？ その梁にたくさん下がっていて、とても雰囲気のいいお店でした。

お店に入ったのがちょうどお昼だったので、本日のスープというメニューを頼んだら、ソーダブレッドがついてきて、初めて食べました。スープはもったりと濃厚でおいしく、ソーダブレッドは日本人の口にあうのかなと思いましたが、なかがしっとりしていておいしかったです。

その印象が強く、日本に帰ってきて、さっそく味を再現してみました。レシピは少しずつ改良して、もはやベリンダの味ではないかもしれませんが、私だけのスペシャリテです」と、中山さん。

私も中山さんのレシピで作ってみましたが、ニンジンの甘さとコク、ずっしりしたソーダブレッドのしっとりさがおいしい！ 簡単に作ることができて、ランチにぴったりなメニューです。

店内に飾られた、紅茶ブランド「テトリー」のヴィンテージかけ時計。

Lazy Daisy Bakeryのレシピ

Lazy Daisy Bakeryのソーダブレッド

下準備

- ヨーグルトと牛乳をよく混ぜ合わせる。
- オーブンは200℃に予熱しておく。

材料（4個分）

準強力粉 ……… 250g
全粒粉 ……… 150g
ジャンボオーツ ……… 110g
ベーキングソーダ（重曹） ……… 8g
塩 ……… 4g
プレーンヨーグルト ……… 200g
牛乳 ……… 200g
打ち粉 ……… 適宜

Lazy Daisy Bakeryのレシピ

Lazy Daisy Bakeryのキャロットスープ

材料（4人分）

バター ……… 15g
タマネギ ……… 正味250g
コリアンダー(粉) ……… 4g
フェンネル(粉) ……… 2g
ジャガイモ ……… 正味150g
ニンジン ……… 正味500g
チキンストック(インスタントのチキンコンソメも可) ……… 1000g
塩 ……… 4g
パクチー、イタリアンパセリ、セロリの葉などお好みのもの ……… 適宜

下準備

- タマネギは粗いみじん切りにする。
- ジャガイモとニンジンは皮をむき、いちょう切りにする。

作り方

1 底の厚い鍋を中火にかける。バターを入れ、やや溶けたらタマネギを入れて混ぜながら炒める。タマネギ全体にバターがまわったらコリアンダーとフェンネルを加え、弱火で5分ほど炒める。

2 1にジャガイモとニンジンを加え、中火にしてさらに1分ほど炒め、チキンストックを加える。

3 沸騰したら弱火にし、ふたをして30分ほど煮込む。

4 火を止めて、ハンディブレンダーで好みの滑らかさにし、再び弱火にかけて10分ほど煮込む。味をみて必要であれば塩を入れてよく混ぜる。

5 スープボウルにつぎ分け、好みで刻んだイタリアンパセリなどをのせる。

ソーダブレッド

作り方

1 大きめで浅めのボウルに準強力粉、全粒粉、ジャンボオーツ、ベーキングソーダ、塩を入れ均等に混ぜ合わせる。

2 ヨーグルトと牛乳を合わせたものを、1に一気に入れて混ぜ合わせる。水分をまんべんなく行きわたらせ、こねないように注意する。

3 2をカードを使って4等分し、打ち粉を使いながら手のひらの上で丸く形を整える。

4 生地を天板に均等に並べ、ブレッドナイフで上部に十字に切れ目を入れ、200℃のオーブンで16分、その後180℃に下げて5分ほど焼く。

スープの歴史

スープの語源は定かではありませんが、イギリスで基本のスープ「ブロス」が初めて文献に登場したのは、1000年頃だそうです。ブロスは今ではクリアなスープですが、中世の頃は濃いとろみがついたものだったようです。15世紀頃から濃いスープは「ポタージュ」と呼ばれるようになり、もともとはフランス語で「鍋に入れられるもの」という意味で、鍋で煮たもの全般を指しました。

イギリスでは17世紀まで、鶏をまるごと煮てその煮汁ごと器に盛り、何種類もの珍味やつけ合わせを飾った、豪華な盛り合わせ料理のこともポタージュと呼んでいました。後年この煮汁だけをポタージュというようになったそうです。

フランス語にはスープを意味する「ソップ」という言葉があり、最初は皿に残った煮汁をぬぐうためのパンのことでした。煮汁とパンを一緒にとること、それがイギリスでは「サップ（軽食をとる）」になり、「サパー（軽い夕食）」と「スープ」という言葉が生まれ、その後スープは汁のみを指す言葉となりました。

イギリスの食事、本当はおいしい？

イギリスに住んでいたと話すと、必ず聞かれるのが「ごはんがおいしくなくて、たいへんだったでしょう？」という、質問ともなぐさめとも受け取れる言葉。「いえいえ、そんなことはまったくなかったですよ」と、私は答えます。イギリスへ旅行に、留学に、駐在に、という方々にお会いする機会がありますが、「食事があわなくて」という話はよくお聞きします。私の場合は本当にそんなことがまったくなかったので、びっくりしました。

たしかに行く前に「イギリスは食事がまずい」というウワサは聞いていましたが、行ってみると「意外とおいしい！」と思ったのです。もちろん好みはありますが、私はすべての食べ物に対して愛があるので、どんな食べ物でもあるときにはおいしく、あるときには自分の舌にはあわなくても、楽しくいただいてしまうクセがあるせいかもしれません。

まずいと思うものにも発見があり、料理されたものの場合は、どこがどうまずいと私は思うのだろう？　塩がたりない？　ソースが濃すぎる？　野菜はなぜゆですぎなのか？　いろいろと考えているうちに、お皿がほぼ空になっています。また、食べ物は嗜好品でもあるので、おいしくないと思っても、そのときの自分のコンディションにあわなかったのかも？　と、最低2回は食べるようにしています。

私のロンドン暮らしは、今まで出会ったことのない食材や料理、日本とイギリスの食習慣の違いを知れば知るほど、どんどん楽しくなっていきました。

たとえばロンドンのチャイナタウンの安いレストランで、なぜイギリス人は餃子や春巻きをスターター

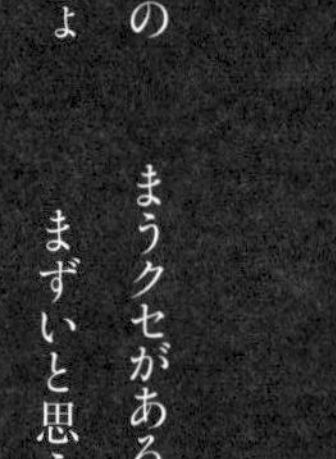

（前菜）に、酢豚をメインにして、コース仕立てで食べるのか？　酢豚をなぜ一様に白いご飯にかけてから食べるのか？　これは後々友人のイギリス人に聞いたところ、イギリス人の多くは味のついていない白いごはんが苦手なので、なにかトッピングしないと食べることができない、それには酢豚のソースはケチャップ味でなじみがあるから、といっていました。

　私は食事にハレとケを大切にしていて、ハレの日のごちそうを毎日食べ続けたら、それが日常になり舌が慣れてしまって、おいしいと思うことができなくなる。ケの日の普通のごはんを食べつつ、ハレの日のごちそうを楽しむ、という考え方です。

　ロンドンに住んでいたとき、プディングライスというデザート用のお米が、日本米に似て安かったのでよく食べていました。子供の頃から鍋でごはんを炊いていたのでロンドンでもそうしたら、友人達においしいと好評。しかし親がロンドンに遊びに来たときにパリへ一緒に行き、日本航空のホテルで食べた白飯はとびきりのおいしさ！　聞いてみたところ、日本産のコシヒカリを直接空輸しているとのことでした。それまでプディングライスをいただいていたからこその気づき!?　後日、ロンドンに戻り、私はいつものようにケの日のプディングライスもおいしくいただきました。今は日本食が認知されたおかげか、イギリスでもおいしいお米が手に入りやすくなっています。

　イギリス人は食に保守的な人が多いのもとてもおもしろく、たとえばローストもの。イギリスでは肉が安く、一般的には魚より肉料理のバリエーションが豊富です。代表的な肉料理はローストで、日曜日にはお肉を焼いて家族で食べるのが習慣です。有名なのがローストビーフですが、肉の種類によってソースが決まっています。ビーフにはホースラディッシュとグレイビーソース、ポークにはアップルソース、ラムにはミントソース、チキンもグレイビーです。

「しょうゆとわさびでもいいんじゃない？」と、私が

イギリス人にいったときには、ものすごく怒られたことがあります。レストランやティールームに取材に行ったときにも「そこでなぜ○○を入れるんですか」などと聞くと、「昔からこうすると決まっているんだ！」といわれたこともよくあり、こうしたイギリス人の頑固さが昔の味を受け継ぎ、昔からの店がたくさん残っている証なんだな、と思いました。

　私が暮らしていた1980年代の終わり頃のイギリスは不況でしたが、1990年代から好景気がやってきて、イギリス初のグルメブームがおこりました。この頃に流行したのが「新英国料理」という、英国料理とエスニックのフュージョンです。しかしこれは中途半端で、日本人には残念なべちょっとしたごはんのスシが、イギリス料理レストランで出てきたりしました。

　その後、ジェイミー・オリバーなどのシンプルな英国料理や家庭料理、ベイキングブームなどもあって、現在はやや古典的なイギリス料理が好まれています。景気がよかったときに外食の習慣がついて、おいしいものを初めて知ったイギリス人も多くいたようで、その後サブプライムローンの影響で、経済がやや落ち込んだ後は、リーズナブルなチェーン・レストランが増えました。

　現在はコロナの影響を受けて閉店する店もありますが、ロンドンの街は日本より活気があります。週末の夜、繁華街では楽しそうに歩いている人々であふれています。人混みが苦手な私ですが、ロンドンに行くとあまり気にならず、こうした雰囲気に元気をもらっているようです。

　2024年もイギリスへ行くため、日程を考えているところです。次は何を食べようか？　友人から「地中海料理はいかが？」とお誘いがあり、それもおいしそうだけど、パブ・フードもぜひ、スコーンもどこかで食べないとね！　楽しみは広がるばかりです。

British Sweets and Bread Winter

冬

イギリスの朝食

～フル・イングリッシュ・ブレックファストのすすめ～

フル・イングリッシュ・ブレックファストとは？

「イギリス料理はまずい」と世界中の人々にいわれ続けていますが、それは本当のことでしょうか？　もちろんおいしくないものもありますが、私には異文化体験としておもしろく、イギリス暮らしにパンチを与えてくれました。それ以上に多彩なエスニック料理、素朴で伝統的なイギリス料理に魅了され、現在でもイギリスに行かずにはいられません。

イギリスの小説家、サマセット・モームは「イギリスでおいしいものを食べたければ、1日に3回、朝食をとればいい」といったそうです。イギリス人らしい皮肉も込められた言葉ではありますが、イギリスの朝食には定評があります。どんなメニューがあるのか？　どこで食べられるのか？　本場の朝食をご紹介します。

イギリスの朝食として一般的なものは、ベーコンとソーセージ、卵ですが、ソーセージはモニョッとした独特の食感があり、ベーコンは燻製していないしょっぱいロースハムのようなものが登場します。その他のメニューもバリエーションが豊富なので、迷ったときはフル・イングリッシュ・ブレックファストを！　そうオーダーすると、卵は目玉焼きが2個、ベーコンとソーセージ、マッシュルームやベイクド・ビーンズ、焼いたトマト、トーストと、フル・オーダーがやってきます。完食は無理かもしれませんが、残す勇気？　で、それぞれの味を楽しんでください。私はベイクド・ビーンズをトーストに乗せて食べるのがお気に入りです。慣れてきたら「豆はいらない」とか「トマト抜きで」「卵はオムレツで」などと、自分好みに注文してみてください。

イギリスらしい朝食の脇役たち

ホテルなどで伝統的なイングリッシュ・ブレックファストを頼むと、まず

［左］ロンドンのパブで食べたフル・イングリッシュ・ブレックファストは自家製パンつき。

［右］典型的なフル・イングリッシュ・ブレックファスト。私には、目玉焼き2個は多すぎるので、1個にしてもらいました。

［右］ロンドンでいちばんおいしい朝食を出すという、ホテル「バウンダリー」のメニュー。肉厚で巨大なポートベローマッシュルームが美味。
［左］地方のB&Bで食べた朝食は、やさしくおいしい家庭の味。

出てくるのがトースト。トースト・ラックというスタンドに、立てかけられた状態でサービスされます。パンの種類はホワイトとブラウン（全粒粉）。私はどちらも好きなので「ミックス」とオーダーすると、両方持ってきてくれます。

イギリスのトーストは、日本のサンドイッチパンくらいの薄さで、食べやすいように三角形にカットして出てくるのが一般的。イギリス産のバターは日本のバターより塩分が強いものが多いので、バターを塗ったトーストに甘いジャムがよくあいます。なぜか朝食だけ、マーマレードを食べます。

あるいは「マーマイト」という、天然酵母から作られたペーストを塗ります。イギリスに住んでいたときには大嫌いだったのに、日本に帰ってきたら懐かしく思い出す味のマーマイ

細長いトーストに、半熟卵をソースのようにつけて食べる「エッグ&ソルジャー」。

料理上手なオーナーのB&Bでは、自家製ジャムの種類も豊富。

マーマイト。イギリス人でも評価の分かれる味。

ト。独特のにおいがあり、とても塩辛いので、バターを塗ったトーストにうすーくつけるのがおいしく食べるコツです。

ロンドンの高級ホテルや地方のマナーハウスホテルのメニューは？

温かいメインディッシュを食べる前に、セルフサービスでヨーグルト、ジュース、フルーツ、シリアルなどを取ります。高級ホテルになればなるほど、その種類は豊富。これらを食べ終えたら、メインを持ってきてくれます。

フル・イングリッシュ以外にも、次のような朝食メニューもあります。いずれも作るのに時間と手間がかかるので、これらのメニューがあったら「このホテル、朝食に力を入れてる！」と思って、間違いないです。

- ポリッジ（カラス麦をミルクで煮たおかゆ。甘味と塩味がある）
- エッグベネディクト（アメリカ発祥だが、イギリス人にも人気）
- キッパーヘリング（ニシンの燻製を焼いたもの。日本人にはごはんが欲しくなる味）
- エッグ&ソルジャー（半熟卵に細長いトーストをからめて食べる）
- ケジャリー（インドから伝わった米料理。マイルドなカレー味のピラフのようなものだが、白身魚、ゆで卵、干しブドウを入れるのがポイント。昔は貴族の朝食メニューだった）

地方のB&B、下町のカフェ

イギリスの地方にあるB&B（ベッド&ブレックファストの略。朝食つきの民宿の意味）では、とても家庭的なイギリス式朝食を出してくれます。料理上手なオーナーだったら、ローカルな野菜やハムなどを使った、その土地でしか食べられないものが出てくる場合も。

スコットランドやイギリス北部でよく出てくるのが「ブラッドプディング」。豚の血が入ったソーセージです。イギリスのソーセージは肉が少なく混ぜ物が多いせいか、思ったより食べやすい味です。

朝ごはんをたっぷり食べるのは、ヨーロッパ大陸の寒い国から伝わった習慣だとか。炭水化物、タンパク質などを摂取し、体温をあげる目的があったそうです。それがヴィクトリア朝時代のロンドンの労働者階級の間で、取り入れるようになりました。今でも下町に行くと、「グリーシーカフェ」と呼ばれる、油をたっぷり使ったイングリッシュ・ブレックファストを出してくれる定食屋のようなカフェが残っています。

ロンドンの高級ホテル「ランドマーク」で提供された朝食メニュー。

一部のパブでは、朝食を提供しています。料理のおいしいガストロパブがおすすめ。

イギリスの食器「スポード」コレクター宅を取材したときの朝食セット。

ロンドンで、ヴィーガン・クリスマスのごちそうを習う

ヴェジタリアンは卵や牛乳なども食べますが、ヴィーガンはそれよりもっと厳格な完全菜食主義のことです。動物由来の食品をいっさいとらず、動物由来の製品（革、毛皮など）を使用しない人もいます。イギリスで、1940年代頃に生まれた言葉だそうです。

イギリスでは、2000年代初頭に起こったBSE（狂牛病）を境にヴィーガンになる人が増え、現在ではとても一般的になってきました。ティールームでも牛乳のかわりに豆乳や、オーツミルクなどが用意され、バターや卵をいっさい使わないケーキなどもあります。

ロンドン、コベント・ガーデンの巨大なクリスマスツリー。夜になるとライトアップされます。

私は食物平等博愛主義ですので、ヴィーガンではありません。イギリスにも日本にも、ヴェジタリアンやヴィーガンの友人はいます。そうした友人たちと、イギリスで一緒に食事をするのはあまり苦ではありませんが、日本ではちょっと難しくなります。というのも、日本食は、かつおだしが使

クリスマスシーズン用にディスプレイされた、コベント・ガーデンのマーケット。

われている料理が多いからです。そんなときには、イタリアンへ。ベーコンやアンチョビなどを抜いたトマトソースだけのパスタでしたら、ヴィーガンの友人は喜んで食べることができます。

自由なスタイルが新鮮だった ロンドンの料理教室

ある年の11月にイギリスを訪れたとき、料理教室でクリスマス料理を習いたいと思っていたら、「ヴィーガン・クリスマスのごちそう」というクラスが目につきました。イギリスでクリスマスといえば、ローストターキー（七面鳥の丸焼）やローストビーフ、バターをたっぷり使ったパイ、フォアグラや濃厚なチーズといった、ヴィーガンとはまったく相いれないごちそう料理ばかり。それらをいっさい使わないごちそうなんてあるのだろうか？　と不思議に思ったので、教室に参加してみました。

イギリス人にとって、ステイタス・シンボルでもある「AGA(アガ)」のオーブン。

雑貨店「ディバーティメンティ」内の料理教室風景。

私が訪れた料理教室は、ロンドンの中心部、マーリボンにある料理関係の雑貨店「ディバーティメンティ」が主催しているもの。以前このお店に取材で来たことがあり、そのときに料理教室もやっているのを知りました。こちらの料理教室で人気のあるクラスは、包丁をとぐ講座（イギリスで日本の包丁は大人気！）やスシの講座だそうです。

教室ではまず、先生が作り方のお手本を見せた後、3〜4人のグループで一緒に作る料理と、それぞれ作る料理があって、クリスマスのコースを仕上げていきます。

私は日本で懐石料理は習ったことがあるけれど、イギリスの料理教室に参加したのは初めて。日本との

ロケット、オレンジ、ザクロを使ったカラフルな「クリスマス・サラダ」。

ナッツを大量に使った「ナッツ・ローフ」がメイン・ディッシュ。

今回教えてもらった、スイス人の先生（左）

違いは、生徒が自由なこと。先生のお手本やレシピを見て習う人もいれば、「私はこうしたほうがいいと思うの！」と突然いい出して、フリー・スタイルで調理をする人も。それがいつものことなのか、先生も「ああ、そうね」という感じで、とがめることもなく、そのまま進んでいきます。おおらかというか、のびのびというか……。

日本で懐石料理を習ったときは、お作法ということもあるのでしょうが、皿の洗い方、ふきんの使い方、生ごみの捨て方など、細かい所作にも厳しい指導が入りました。

おすすめは、意外に肉感のあるナッツ・ローフ

今回のメニューは、ビーツを使った前菜と、メインにはナッツ・ローフ（ミート・ローフのミートのかわりにナッツを使用）、そしてカラフルなクリスマス・サラダです。そんなに難しい手順ではないのだけれど、にぎやかにワイワイと話しあいながら、ときにはちょっといい合いをしながら進めていくので、時間がかかります。料理上手な人もいれば、こわごわと包丁を持つ人も……。参加者は、年齢も人種もさまざまです。

イギリスでは第二次世界大戦以降の長い不況が続いたせいか、冷凍食品やフィッシュ&チップスのような、安

くて簡単なもので食事をすませ、家庭で料理をしない時代がありました。最近では食に関心を持つ人が増えて、こうした料理教室が盛んになり、料理本も売れているとか。

教室ですべての料理が完成したのは、なんと6時間後。もうちょっと早く終わるかな？　と思っていた私はへとへとに。最後には自分たちで作った料理を、参加者全員でいただきました。

私が気に入ったのは、ナッツ・ローフ。ざくざくと粗目にきざんだナッツが、ひき肉のような食感でおいしい！　しかし気をつけなければいけないのは、4〜5種類のナッツを大量に使っているので、実は肉で作るよりもカロリーが高いのです。ヴィーガン料理だとつい、ヘルシーかなと思ってしまうのですが、どうやらそういうことではないようです。先生いわく、ナッツの種類は多ければ多いほど、複雑な味になっておいしいと教えてくれました。

日本だったら米や豆腐なども使うと、もっとヘルシーになるでしょう。しかしヴィーガンの人々は、ナッツやオリーブなどから、体に必要なオイルを補っているようなので、これはこれでいいのかも。ロンドンブリッジにある、オーガニックで有名なバラマーケットに行くと、オリーブオイルやナッツ、ドライフルーツのショップが目立って出店数が多いのは、ヴィーガンの人々にむけて販売しているのかもしれません。

材料はすべて、一人分ずつ事前に準備されていました。

柔らかいビーツを均等な厚さにスライスするのが、いちばんたいへんな作業でした。

ビーツをスライスして豆のペーストと重ね、ツリーに見立てた前菜。

おすすめの
お店と
おいしいレシピ

季節ごとのメニューや食器で
ホスピタリティあふれるおもてなし

タイニートリアティールーム

Tiny Toria Tearoom

タイニートリアティールームのオーナー、慶本佐知子さんは2016年に「タイニートリアティールーム」を東京・人形町にてオープン。最初はおひとりでこぢんまりやりたいと、お菓子の販売スペースと、テーブルは4つくらいの小さなお店でした。しかしあっという間に大人気となり、2018年にご近所へ移転。キッチンが広くなり、席数も増えて、ますます人気のティールームとなりました。もとの店舗は現在「小さな本店TEA&Something Lovely」として、イギリスのヴィンテージ品や紅茶などを不定期に販売しています。

慶本さんがティールームを始めるきっかけとなったのは、会社員時代に、イギリスのティールームをめぐるツアーへ参加したこと。とくにイギリスの田舎、カントリーサイドのティールームに魅了され、以前からなにかお店をやりたいと考えていたので、このとき「ティールームを開こう!」とひらめいたそうです。

もともと、パンやお菓子を作るのが大好きだった慶本さん。イギリス

イギリスのカントリーサイドにあるような、かわいい店内。

人形町の駅から数分のところにある新店舗。

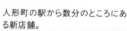

クリスマスシーズンに提供されるフェスティブ・アフタヌーンティーセット。

タイニートリアティールームのオーナー、慶本佐知子さん。

アフタヌーンティーのメニューは、毎年内容を変更。ときには全部のメニューを変えることも。

の料理本で学んだり、日本のお菓子教室に通ったこともありましたが、お店で提供しているティーフーズは、ほとんどが自己流。それもつねにブラッシュアップして、アフタヌーンティーメニューなどは毎年内容を変えているそうです。

「アフタヌーンティーでは季節感のほか、イギリスが感じられるように、気を使っています。うちはずっといらっしゃっている方もいるので、お菓子の内容を変えたり、あるいは全部のメニューを変えることもあります。

ティーフーズの作り方は、イギリスのレシピを参考にしています。日本のものはほとんど見ませんが、日本人が食べるのには、イギリスそのままのレシピでは口にあわない場合もあるので、アレンジしています。アフタヌーンティーは、全体の仕上がりをイメージして。最終的には理屈よりも、インスピレーションですね」（慶本さん）

タイニートリアは、ティーフーズのおいしさはもちろんのこと、季節ごとのアフタヌーンティーの盛りつけや食器が、とてもかわいらしい美しさなのです。ちょっとお聞きしたのですが、慶本さんが美大出身者なことと、関係があるのかも!?

飲食業のキャリアがなかったとは信じられないくらいホスピタリティにあふれたサービスも、このお店の特徴です。私は友人たちとアフタヌーンティーをいただいたり、イベントをやらせていただいたりしましたが、どんなに混雑していても、スコーンをベストタイミングで温めてくださり、お茶のおかわりを気にしてくださったり。これはひとえに、慶本さんご自身のキャラクターから生まれるサービスなのかもしれません。

また、イギリスの地方のティールー

ムではケーキのポーションが大きめですが、日本にはあわないので、現在は食べ飽きないくらいのサイズにしているそうです。オープン当初は本場さながらの大きさだったのが、だんだんと小さくなっていったとか。お菓子は、ひとつひとつの存在が際立つように、全体の味がかぶらないように構成しています。

「今のイギリスとはもしかしたら違うかもしれませんが、私がイメージしているイギリスのかわいらしさ、おいしさなど、お客様に共感していただけたらうれしいですね」

ホテルのアフタヌーンティーとはまた違う、イギリスのティールームにいるようなアフタヌーンティーを楽しんでいただきたいそうです。

Tiny Toria Tearoomのレシピ

タイニートリアティールームのクリスマスプディング

下準備

- ドライイチジク、ドライアプリコット、ドライプルーン、オレンジピール、レモンピール、リンゴをレーズンくらいの大きさにカットする。
- 無塩バターを2〜3mm角にカットしておく。
- [A]をボウルに入れて混ぜ合わせ、表面をラップでピッタリと覆って一晩おく。

作り方

1 下準備した[A]に[B]をすべて加えて、粉気がなくなるまでよく混ぜ合わせる。

2 プリンカップの内側に無塩バター(分量外)を薄く塗り、カップの底に丸くカットしたオーブンシートを敷く。

3 1をプリンカップの縁まで入れて、生地の表面に丸くカットしたオーブンシートを乗せ、さらにカップ表面をオーブンシートとアルミホイルで覆ってから輪ゴムでとめ、水分が入らないようカップの縁に沿って、さらに輪ゴムでとめる。

4 鍋の底に耐熱性の小皿を裏返しにして置き、その上にプリンカップを乗せる。

用意する道具

耐熱性プリンカップ(150mLサイズ) …… 1個
プリンカップが入る鍋と耐熱性の小皿 …… 各1個
オーブンシート …… 適宜
アルミホイル …… 適宜
輪ゴム

材料(ミニチュアサイズ5個分)

[A]
レーズン …… 9g
サルタナレーズン …… 18g
カランツ …… 9g
ブランデー …… 7mL

[B]
ドライイチジク …… 8g
ドライアプリコット …… 5g
ドライプルーン …… 3g
パン粉 …… 13g
小麦粉 …… 8g
ベーキングパウダー …… 0.5g
ミックススパイス …… 0.5g
無塩バター …… 13g
オレンジピール …… 3g
レモンピール …… 3g
リンゴ …… 15g
ブラウンシュガー …… 12g
オレンジジュース …… 6mL
全卵 …… 18g

[飾り用]
ホワイトチョコレート …… 適量
ヒイラギ、赤い玉のトッピング用シュガー(市販品) …… 適宜

5 プリンカップの高さの半分より上になる量のお湯を鍋に入れる。

6 鍋にふたをして、弱火から中火で、ふつふつと沸騰した状態を保ちながら6時間ほど蒸す。

（お湯の量がカップの高さの半分よりつねに上になっているように、途中でお湯を足してください）

7 6が蒸しあがったら生地を5等分して丸め、湯煎で溶かしたホワイトチョコレートで飾り、お好みでヒイラギ、赤い玉のトッピング用シュガーを乗せてできあがり！

※蒸しあがったプリンカップと生地はとても熱いので、気をつけて取り出してください。

イギリスのパイは、多種多様①

～デザート・パイの魅力～

日本でパイというと、甘いお菓子のパイが代表的ですが、イギリスでは食事用のパイもあり、「これがパイ?」と思うようなパイもあります。イギリス人にとって、パイには特別な思い入れがあるようです。駐日英国大使館でフード&ドリンクアドバイザーをしていた、ジェーン・ランザー・ギフォードさんの本『イギリスパイとプディング』（文化出版局）では次のように表現しています。

「イギリス人がパイとプディングに抱く思いというのは、ほかの国の人々にはちょっと説明しがたく、強いて言えば、子供たちが家庭で好まれる料理をずっと食べ続けているうちに、大人になってもその嗜好が残る、といったところです。キッチンに入ると、パイを焼くかぐわしいにおいが広がっている、それをかぐだけでイギリス人は言いようもない、理屈では説明できない懐かしさといとおしさにとらわれ、パイを一口かじるたびに、すぎ去った日々のいろいろな思い出に浸るという誘惑にかられます。」

パイの歴史

パイという言葉が初めて登場したのは、1303年ヨークシャーの修道院の出納帳から。14世紀にリチャード2世の料理長が編纂したイギリス最古の料理書には、パイの作り方が記載されています。初期のパイはコフィン（箱）と呼ばれ、肉を焼くときの肉汁を逃さないための器でした。パンを焼くかまどで長時間焼くために、3～5cmの分厚い生地で肉を包んだそうです。

その後、肉とフルーツを一緒に包んだパイもありましたが、現在のような甘いデザート用のパイが作られるようになったのは、16世紀頃から。当時人気の「オランジャド・パイ」は、オレンジの皮やリンゴを甘く煮たパイで、砂糖やフルーツが高価な時代、エリザベス1世の宴会に登場した贅沢品でした。17世紀に東インド会社の交易

友人や私が作ったホームメイドのスイーツ系パイ。

が盛んになって砂糖が値下がりし、18世紀には庶民の間でお菓子作りが流行して、甘いパイが一般的になっていきました。

生きた鳥をパイに閉じ込めた、王様のパイ!?

イギリスの古い童謡『マザーグース』には、パイのなかに焼きこめられた24羽のブラックバードが、パイを切ると歌い始める、という歌詞があります。「どうやって鳥を生かしたままで、パイを焼くのか?」と思ったものですが、最近そのカラクリを知りました。なかを空洞にした分厚い生地のパイを焼いて底に穴をあけ、生きたブラックバードを忍び込ませるそうです。

美食家で有名だったヘンリー8世の宴会では、このブラックバードのパイがよく登場したとか。マザーグースの歌詞に登場する「王様」も、ヘンリー8世のことではないか? といわれています。「パイバード」というパイを焼くときに使うキッチン・ツールは、マザーグースにヒントを得て、ブラックバードの形をしています。

イギリスで初めて出会ったパイ、クランブルとコブラー

パイといえば、いちばん有名なのは「アップル・パイ」でしょう。イギリスではどこのお店にもあるんだろうと思っていたら、なかなか出会いませんでした。イギリスではあまりに家庭的なメニューだからでしょうか? そのかわりによく食べたのが「アップル・クランブル」。日本でもよく見かける「折パイ」(パフ・ペストリー)や「練りパイ」(ショートクラスト・ペストリー)は知っていましたが、クランブル

というパイは初めて。

クランブルとは英語で「ぽろぽろと崩れる」という意味で、パイ皮というよりも、ビスケットを砕いたようなもの。材料は小麦粉、バター、砂糖、アーモンド粉をすり混ぜて作ります。これをクランブル粉と呼び、パイ皿にいれたフルーツの上にかけて焼きます。クランブル粉によって蒸し焼きにされたフルーツは、コンポートのようにしっとりと柔らかくなり、クランブルの上部はサクサクと焼き上がります。

クランブルは、最初バターと小麦粉の節約から生まれたそうです。同じく生地の節約？　と思えるのが、「コブラー」。スコーン生地を半割りにして、フルーツの上に乗せて焼きます。

クランブルもコブラーも、食べるときにホイップクリームやカスタード、アイスクリームなどをかけて食べると、おいしさ倍増です。パイは大好きだけど、パイ生地のボリュームを重たく感じるときには、これらの節約パイがおすすめです。

野菜のルバーブも甘いパイに

クランブルといえば、イギリスで衝撃的な出会いだったのが「ルバーブ・クランブル」。ルバーブはフキのようなみかけの野菜で、タデの一種。「パイ・プラント」と呼ばれるほど、イギリスではパイのフィリングによく使います。

イギリスの友人宅で、庭に自生した生のルバーブを食べたことがありますが、すじっぽくて青臭い……。中国では漢方薬として使われ、イギリスでは胃の消化を助けるといわれているので、肉をたっぷり食べた後は、ルバーブを使ったデザートを食べたそうです。

ルバーブはパイ以外に、ジャムも一般的です。砂糖で煮るとあっという間に柔らかくなります。できあがりはかなり酸っぱく、甘酸っぱいものが好き

スイーツのコブラー。食事系もあります。

な私の大好物です。
イギリスのフルーツを使ったパイは、酸っぱいフルーツを使って砂糖を控えめにするので、クリームなどトッピングするものによって、甘みを調整できます。なかには直接パイに砂糖をかける人もいて、イギリスのティーハウスではたまにお見かけします。

とてつもなく甘い英国菓子に打ちのめされていたロンドン暮らしの初めで、甘酸っぱいルバーブのパイとの出会いは、私を救ってくれました。ルバーブは最近日本でも栽培されていて、茎の部分が緑のものと赤いものがあり、私もクランブルやジャムを作っています。

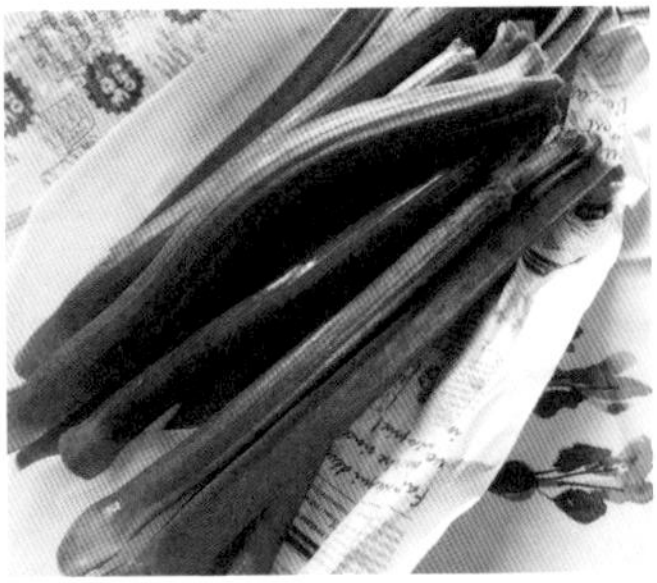

長野県から取り寄せた、赤いルバーブ。

イギリスのキッチンツール

イギリスは食に関して、まだまだ保守的な人が多数います。ロンドンにいるとあまりわかりませんが、地方に行くと昔ながらのイギリス料理か、食事がわりにチョコレートバーやポテトチップスを、という人もよく見かけます。

私がイギリスのアンティークをおもしろいなと思い始めたのは、イギリスのキッチンツールがきっかけでした。というのも、昔と今も食が変わらないので、キッチンツールも昔から変わらずに使われているものが多いのです。有名な「メイソンキャッシュ」の陶器製ミキシングボウルなどは、100年以上前から同じデザインです。ヴィクトリア朝から現在まで続く、キッチン用品のブランド「Tala」社は、一時期フランスの企業が経営していたようですが、2000年代にまた、英企業となり、現在まで販売しています。

アンティークやヴィンテージのキッチンツールを以前よく買いつけていたのですが、アイテムの多さにも驚きました。なかには使い方のわからないものもかなりあって、地方の郷土博物館へ行ったときに展示物を見て、使い方を知りました。

イギリスのパイは、多種多様②

～肉の器から、パイをおいしく食べる時代へ～

ハンプトンコート宮殿で見た、中世のキッチン。当時は肉の塊を大きな暖炉で焼いて食べていました。中世のコスチュームを着たスタッフがガイドしてくれる日もあります。

イギリスに住んで、いちばんよく食べたのがパイ。日本に住んでいたときからなぜかパイ好きでしたが、パイと呼ばれているものが、こんなにも種類が豊富とは、イギリスで暮らしてみるまで知りませんでした。

現在のイギリスではパイが、高級ハンバーガーより人気があるとはいいがたいのですが、とても家庭的で、身近な存在であることには変わりがありません。

以前イギリスで、粘土のような分厚いパイ皮で中身がベトベトしたポークパイを食べたことがあります。それからしばらく食事系のパイは敬遠していたのですが、あるとき料理自慢のパブで食べてみたら、まったく違いました。それからはデザートパイだけでなく、食事パイにも興味を持つようになりました。

イギリスのごちそうパイ、ビーフウエリントン

イギリスでのパイの始まりは、肉を焼く器として誕生しました。それ以前は肉を串に刺して焼くか、炭のなかで直接あぶって調理されていたとか。当時の人々にとって、パイ皮で蒸し焼きされた肉は柔らかく、肉汁もたっぷりでさぞやおいしいごちそうだったこ

とでしょう。

　クリスマスのごちそうといえば、ローストターキーやローストチキンが有名ですが、ビーフウエリントンもよく食べます。牛フィレ肉をパイ皮で包んだもので、ナポレオンをワーテルローの戦いで打ち破ったイギリスの英雄、ウエリントン公爵からその名前がついたそうですが、実際には料理とかかわりがないようです。というのも、この料理はイギリスではなく、どうやら最初はアメリカで作られたらしいのです。1960年代頃から高級料理として流行しましたが、その後パイ包み料理が古臭いメニューとして敬遠されていました。今ではイギリスのカリスマシェフ、ゴードン・ラムジーがクリスマスの特別料理として紹介したこともあり、ロンドンの有名レストランのクリスマスメニューや、高級デリのメニューに復活。最近ではビーフだけでなく、サーモンウエリントン、ラムウエリントンなど、パイ包み料理を「ウエリントン」と呼んでいるようです。

中世ではハクチョウもパイに!?

中世の頃はパイ皮を分厚く作り、中身だけを食べました。

中世のパイの中身

　17世紀のイギリスの料理書によると、この頃のパイの具は、ありとあらゆる肉を使っていたようです。シカ、イノシシ、七面鳥、キジ、ヤマウズラ、子牛、子羊は一般的で、ハクチョウ、小型のイルカ、クジャクなどもパイにしたそうです。

　チキンを使ったパイはサクサクした薄いパイ皮を小麦粉で作って焼きたてを食べましたが、それ以外の肉は長期保存させるため、厚さ約2〜3㎝のライ麦を使ったパイ皮で、とても固く焼きました。パイが焼き上がったら、上部の空気穴から溶かした油脂を注ぎ、中身の肉を空気にふれさせないようにすれば、約1年保存できたそうです。冷蔵庫のない時代には、一般的な肉の保存方法でした。

キッシュはイギリス料理？

イギリスに住んで思ったのは、パイ料理の「キッシュ」が、とっても身近なこと。レストランのランチメニューや、ベーカリー、マーケットの屋台、もちろんパブやティーハウスにもあります。キッシュってフランス料理じゃなかった？　どうしてこんなにどこにでもあるの？　不思議でした。

ローズベーカリーの元シェフで、フランスで暮らしたことのある宇戸平智子さんにお聞きしてみると、「イギリス人はキッシュというより、タルトと認識しているのでは？　これはキッシュだなと思うメニューでも、イギリスではタルトと表記されていることがよくありました」とのお返事。日本でタルトというとお菓子のイメージですが、イギリスでは食事系のタルトもよくあり、パイ、プディング、フラン、ペストリー、パスティ、パフ、クランブルなどは、おおざっぱにいえば、同じ種類なんだそうです。

ジャガイモがパイ皮に包まないパイ？

イギリスでパイの定義といえば、以前は「フィリングをパイ皮で包み込むもの」でしたが、18世紀にイギリスで深刻な小麦不足になったとき、イギリスの陶磁器メーカーがパイ型の皿を発売しました。これを使うと、下部のパイ皮がいらないので小麦粉の節約になり、大流行したそうです。当時このパイ皿を使った「ポットパイ」（塩味のパイ）というメニューも、人気となりました。

さらに労働者階級は小麦より安い、ジャガイモをマッシュ・ポテトにしてパイ皮にしました。「シェパーズパイ」（羊飼いのパイ、ラム肉を使用）、「コテージパイ」（田舎風のパイ、フィリングは牛が主だが、羊のこともあり）もこの頃から流行し、現在では典型的なイギリスの家庭料理となり、私も大好物なのでイギリスに行くたびに食べたり、日本で作ったりしています。

ロンドンのフードマーケットでは、いろいろなパイやキッシュが売られています。

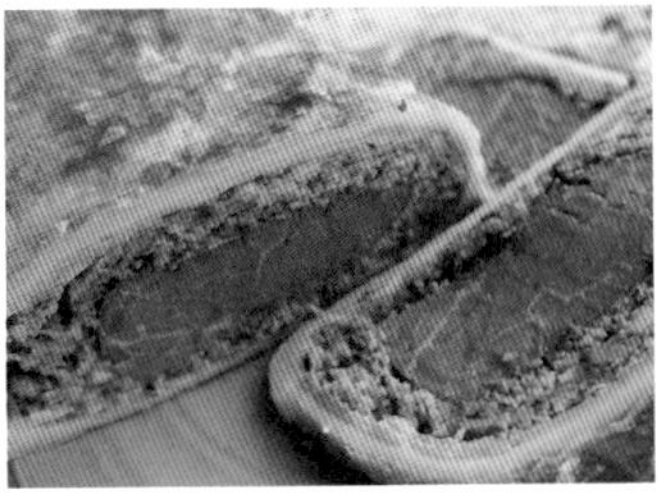

ビーフ ウエリントン

材料（5〜6人分）

牛ヒレ肉（モモ肉でも可）……500g
エシャロット……1パック（またはタマネギ1個）
マッシュルーム、シイタケ、シメジ、エリンギ……各1パック
食パン（8枚切り）……1枚
パセリ……1/3パック
塩コショウ……適量
バター……適量
冷凍パイシート……2枚
生ハム……1パック
マスタード……適量
卵液……適量
岩塩……適量

作り方

1 牛肉に軽く塩コショウをして、油（分量外）をひいたフライパンで焼き、冷ましておく。

2 詰め物（デュクセル）を作る。フードプロセッサーでみじん切りしたエシャロット、きのこ類、パセリをバターを熱したフライパンで水分がなくなるまで炒めて、食パンをパン粉状にしたものを合わせ、冷ましておく。

3 1にマスタードを全面に塗り、その上にデュクセルを塗って、ラップの上に広げて並べておいた生ハムで、ラップごとぴっちりと包む。

4 解凍したパイシートを包みやすい形に広げ、3のラップを取ってパイシートで包み、冷蔵庫で30分ほど休ませる。

5 オーブンを予熱220℃に温めておき、4の上部に包丁で切り込みを入れてから卵液を塗り、岩塩をふりかけて30〜40分焼く。

6 5を30分ほど休ませて、肉汁を落ち着かせてから切る。

ポイント

肉の焼き色をきれいに仕上げるには、1、2でよく冷まし、4で休ませること。作るのに時間がかかるので、前日に3まで作っておいても。

おすすめのお店とおいしいレシピ

スコットランドで覚えた
ビールに合う本格パブフード

ザ・ロイヤルスコッツマン

The Royal Scotsman

ロンドンに住んでいたときは、セントラルで友人と待ち合わせに使うパブ、フラットの近所のパブ、友人宅近くのローカルパブや地方のパブにもよく出かけました。パブのどこがいいかというと、ほっといてくれるところ。最初にキャッシュオンでビールをカウンターで買い、好きな席にすわり、ひとりで本を読んだり、テレビをぼーっと見たり。あるいは週末、友人たちとダーツをしたり、ビリヤードをして過ごしたり。

日本に帰ってからは、家の近所に行きつけのパブがあったのですが、クローズしてから足が遠のいていました。そんなときに友人おすすめのパブとして、連れて行ってもらったのが「ザ・ロイヤルスコッツマン」です。

ザ・ロイヤルスコッツマンの店内。

ザ・ロイヤルスコッツマンは、12年前に神楽坂でオープン。店主の小貫さんは、ユニークなキャリアの持ち主です。

16歳のときに、フランス料理の名店「オテル・ドゥ・ミクニ」に入店。その後24歳のとき、フランスの一流ビストロにて修業をしました。3年たった頃にバグパイプにはまってビストロをやめ、バグパイプとの日々を過ごします。

牛込神楽坂駅から数分のところにある店舗。

バグパイプはスコットランドが本場なので、フランスからスコットランドに渡ったところ、パブ好きに。私もスコットランドのパブへ行ったことがありますが、ロンドンのパブよりディープ。常連客しか入れないような小さなパブから、私たち観光客をフレンドリーに迎えてくれるパブまで、多種多様にあります。

小貫さんは帰国後日本でパブに勤めながら、バグパイプをとおしていろいろな人と知り合い、やがて自分のお店「ザ・ロイヤルスコッツマン」をオープンします。イギリスのパブのようにタップから注がれるビールは、徹底した温度管理をしており、ビールを飲みにだけ通う常連さんもいるそうです。イギリスのパブは、いっさい食事をださないという店もありますが、スコッツマンは小貫さんが日本やフランスで修業したお料理や、イギリスのパブフードを食べることができます。

実は今、イギリス本国ではビールを飲まない人が増えて、パブが減りつつあります。残っているパブはフードに力を入れ、レストランとして存続をかけています。ガストロパブと呼ばれる料理自慢のパブも増え、小貫さんのようにフランス料理出身のシェフも少なくありません。

今回、小貫さんからレシピを教えていただいたメニューは、ぜひともザ・ロイヤルスコッツマンで食べていただきたいものばかり。限定メニューもありますが、日替わりで登場するサプライズメニューもおいしい！　ぜひご自分のローカルパブとして、お店へ足を運んでみてください。

店主の小貫友寛さん。

ずらりと並んだ酒ビン。厳密に温度管理したビールは、タップから注いでくれます。

The Royal Scotsman のレシピ

ザ・ロイヤルスコッツマンのステーキ&キドニーパイ

材料（6人分）

［ショートクラストペストリー］
中力粉 ……… 170g
バター ……… 55g
ラード ……… 55g
冷水 ……… 大さじ2〜4
塩 ……… 2g

［ステーキ&キドニー］
キドニー ……… 350g
※お店では羊の腎臓を使用。一般的には牛の腎臓が手に入りやすい。
牛肉（ステーキ用） ……… 700g
バター ……… 25g
中力粉 ……… 30g（薄力15g＋強力15gでもOK）
タマネギ ……… 2個
ニンジン ……… 2本
水またはスープストック ……… 700mL
塩 ……… 9g
黒コショウ ……… 5g

下準備

- タマネギはスライス、ニンジンは2.5cmの角切り、牛肉とキドニーも2.5cmの角切りにしておく。

ステーキ＆キドニーパイの作り方

1 ボウルに牛肉、キドニーを入れ中力粉、塩、黒コショウを加え全体が覆われるようにしっかり混ぜる。

2 鍋にバターを入れ、火にかけ溶けたら1を入れて焼き色がつくように炒める。粉がついているので焦げやすいので注意すること。炒めたら一度鍋からお皿などに取り出しておく。

3 2の鍋を洗わずに、タマネギとニンジンを加え、野菜がしんなりして色がつくまで弱火でじっくり炒める。じっくり炒めることで野菜の旨味が凝縮する。

4 2を鍋に戻し入れて水を加え、一度沸騰をさせアクを取り除き、水分が半分くらいに減り、色が茶色くなるまで、ふたをして1時間半ほど弱火で煮込む。

5 ふたをはずしてさらに30分ほど煮込みながら、濃度を好きな加減に調整して塩コショウ（分量外）で味をととのえ完成。平らなバットなどに移して完全に冷やす。

6 タルト型に5を入れ、作っておいたショートクラストペストリー生地をめん棒で厚さは4mm、タルト型の高さ×2＋直径の大きさにのばし、上からかぶせて周囲をカットして、200℃に予熱したオーブンで、30～40分ほど焼く。

ショートクラストペストリーの作り方

1 冷やした中力粉、バター、ラード、塩をボウルに入れてフードプロセッサーで混ぜてサラサラの状態にする。

2 1に冷水を加え、少し混ぜてひとまとめにする。あまり練りすぎないようにする。

3 ラップに包み冷蔵庫で1時間ほど寝かせてから使う。

The Royal Scotsman のレシピ

ザ・ロイヤルスコッツマンのコロネーションチキン

材料（8人分）

蒸鶏肉ほぐし身 ……… 400g
カレー粉 ……… 6g
ターメリックパウダー ……… 6g
オニオンパウダー ……… 8g
マヨネーズ ……… 100g

ケチャップ ……… 100g
ヨーグルト ……… 100g
カシューナッツ ……… 60g
レーズン ……… 37g
ドライフルーツミックス ……… 23g

作り方

1 ボウルにマヨネーズ、ケチャップ、ヨーグルトを入れ、混ぜてソースにする。

2 カシューナッツはめん棒などで叩いてレーズンくらいの大きさに砕き、レーズンとドライフルーツミックスを合わせる。

3 別のボウルに蒸鶏ほぐし身、カレー粉、ターメリックパウダー、オニオンパウダーを入れしっかり混ぜる。

4 3に1と2を入れてよく混ぜ、軽く塩コショウ(分量外)をして味をととのえる。

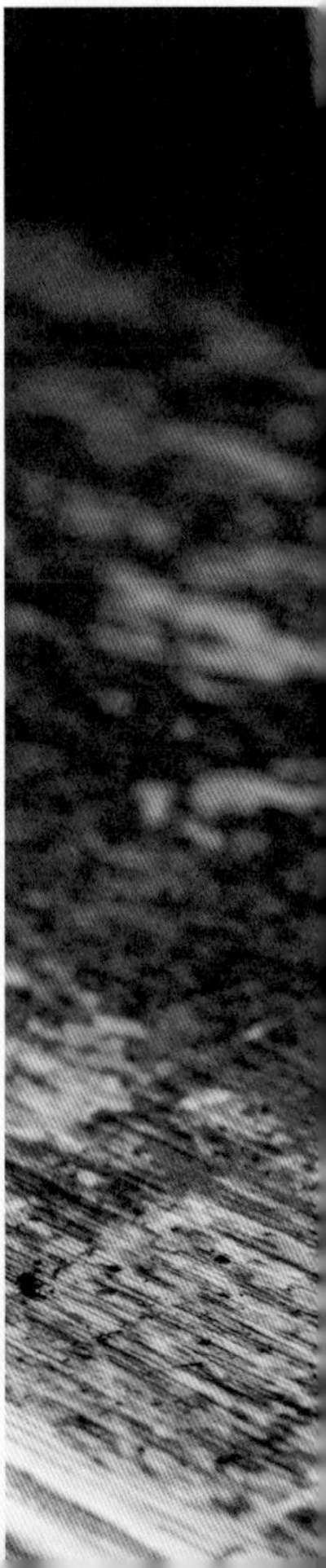

The Royal Scotsman のレシピ

ザ・ロイヤルスコッツマンの糖蜜のパイ

下準備

- パン粉をミキサーなどで細かくしておく。
- オーブンを200℃に予熱しておく。

作り方

1 タルト型にショートクラストペストリーの生地(作り方は122ページを参照)を敷いて、縮み防止のため底にフォークで刺し穴をあける。

2 1にバター(分量外)を塗ったアルミホイルやオーブンシートを張りつけて重り(タルトストーンなど)を乗せ、200℃に熱したオーブンで約20分空焼きをする。(注・薄く焼き色をつける程度に焼き時間を調整すること)

材料(21cmのタルト型1台分)
※底が抜ける型を使用

ゴールデンシロップ ……… 450g
レモンの皮すりおろし ……… 1個分
レモン汁 ……… 1個分
パン粉 ……… 100g
生クリーム ……… 大さじ3
卵 ……… 1個
ショウガすりおろし ……… 大さじ1

イギリス人は、ショウガ好き?

イギリスではショウガを料理だけでなく、スイーツやドリンクにもよく使います。今回ご紹介した糖蜜のパイ以外にも、ジンジャーブレッドやジンジャーケーキ、クリスマスケーキなどにも入れます。有名なのは、ジンジャービアー。アルコールはいっさい入っていない、または低アルコールのイギリスの伝統あるショウガ味のドリンクです。これがのちに、私たちになじみのあるジンジャーエールになりました。エールとは、イギリスでいちばん古いビールのことです。

写真の立派なショウガは、小貫さんが自分の畑で丹念に育てたオーガニック。このショウガを使って、ジンジャーシロップやジンジャーパウダーを作り、お店で限定販売しています。

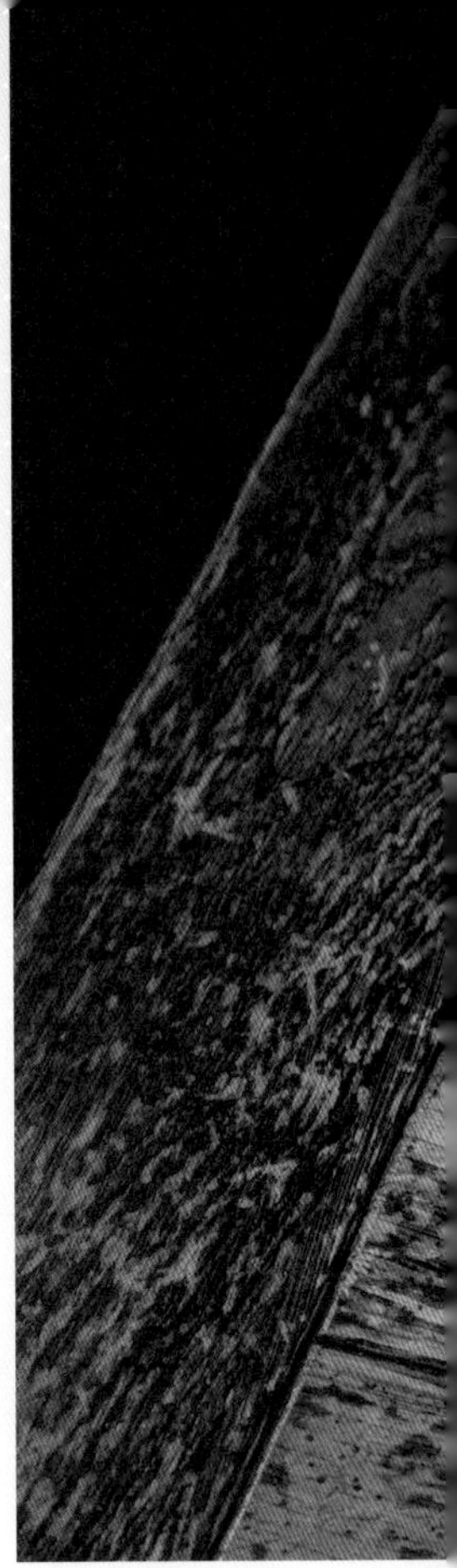

3 鍋にゴールデンシロップ、レモン汁、レモンの皮すりおろし、ショウガすりおろしを入れ中火にかける。

4 鍋の底が沸々としてきたらパン粉を加え、全体をしっかり混ぜて火からおろし、5分ほど置いてパン粉に水分を含ませる。

5 ボウルに生クリームと卵を入れて混ぜ、4に加えて手早く混ぜ合わせる。

6 2の空焼きしたタルト生地に5のフィリングを流し込み、190℃に予熱したオーブンで、きれいな黄金色になるまで20〜25分焼く。

7 焼き上がったら常温で冷ます。

THE RABBIT HOLE TEA ROOM
Yogi Smith
yoga school
THE QUEEN'S · PLATINUM JUBILEE · 2022
Milk Sea Salt Caramel & Caramelised Biscuit Truffles

Old English Inn Sign
Cocktail Sticks

BAKING LESSONS
BAKING LESSONS
ITALIAN BAKING
-SOURDOUGH
FRENCH BAKING
-CROISSANT

Marylebone
Farmers
Market
Every Sunday 10am - 2pm
Cramer Street Car Park

British 12 months Event calendar

イギリス12ヵ月イベントカレンダー

イギリスの四季を感じるイベントをまとめてみました。といっても、私が興味のあるものだけなので、一般的ではないものも入っています。イギリスへお出かけの際には、ご参考に。

1月

ニューイヤーズデイ（元日）

12月31日の深夜、カウントダウンが始まりニューイヤーを迎えると、いろいろな広場で花火が上がります。翌1月1日は祝日ですが、日本のようにお正月休みは長くなく、2日からほぼ通常に戻ります。

バーンズナイト

スコットランドの詩人、ロバート・バーンズの生誕をお祝いする日で、誕生日の1月25日前後にパブなどに集まってバーンズの詩を朗読したり、スコットランドの伝統料理ハギスを食べたりします。ハギスは羊の胃袋に羊肉やオートミールを詰めて、ゆでたり蒸したりする料理です。食べるのは中身だけで、クセが強いのでスコッチウイスキーをかけていただきます。

2月

バレンタインデー

日本では女性から男性へ愛の告白とともにチョコレートを贈る日ですが、イギリスでは男性から女性へ、花やチョコレートを贈る日です。ちなみに花やチョコレートをプレゼントするのはとても一般的な習慣で、女性へだけでなく、ディナーのご招待を受けて友人宅へ行くときなども持参します。

3・4月

セントデイヴィッドデー

3月1日、ウエールズの聖人セント・デイヴィッドの命日を祝い、ウエールズのシンボルであるラッパスイセンを飾り、名産のリークなどを使ったウエールズ料理をいただきます。

セントパトリックデー

3月17日は、アイルランドにキリスト教を広めたセントパトリックの命日です。アイルランドの国花シャムロック（小さなクローバーという意味のアイルランド語）を飾り、緑色のものを身に着けて、パレードを行います。

私がニューヨークに行ったとき、1762年から開催されているNYのセントパトリックデーパレードに偶然出会いましたが、アイルランドだけでなく、スコットランド、イングランドが一体になった、イギリス以上に大規模なお祭りでびっくりしました。

グッドフライデー

イースター前の金曜日のことで、イギリスではこの日からイースターマンデーの月曜日まで連休になります。今では1年中イギリスで食べられている、パンの上に十字架をあしらったホットクロスバンズは、もともとグッドフライデーに食べたパンだったとか。ちなみにレオナルド・ダ・ヴィンチが描いた「最後の晩餐」は、このグッドフライデーの前日の夜を描いたものだそうです。

イースター

イースターは「春分の日の後の最初の満月の次の日曜日」という、グッドフライデーと同じく、3〜4月に行われる移動祝祭日です。

イギリスでは、イースターは春の訪れを意味します。また生命の誕生を祝う日なので、卵や繁殖力に優れたウサギなどをシンボルとしてお祝いします。チョコレート会社ではこの時期、卵をかたどったイースターエッグやウサギモチーフのチョコレートが一斉に販売されます。他にもイースターの特別なお菓子として、キリストやその弟子をマジパンであらわしたシムネルケーキや、ミックススパイスやカランツを入れたイースタービスケットなども登場します。

サマータイム

イギリスは冬と夏の日照時間が大きく違うので、サマータイムが採用されています。毎年3月の最終日曜日の午前1時に時計を1時間遅くして、午前2時とします。街中の時計は変更されていないものもあるので、イギリス旅行中の場合はくれぐれもお気をつけください。

アンティークフェア、各地で始まる

クリスマスでの繁忙期後、冬はほとんどのアンティーク・ディーラーが休みます。3月の終わりから4月にかけて、メジャーなアンティークフェアが始まりますが、なまけもの?のディーラーは、さらに暖かくなるまで働かず、フェアにエントリーしてもキャンセルする場合があります（泣）。

5月

バンクホリデー始まる

「バンクホリデー」とは、イギリスの公的祝日です。名前の由来は1871年の銀行休日法で、イギリスの金融機関が一斉に休んだため、取引ができず、その他の業種や学校なども休日になったそうです。5月の第一月曜日から始まり、この日はスーパーマーケットなど早じまいする場合もあるので、ご注意を。

チェルシーフラワーショー

RHS(ロイヤルホーティカルチュラルソサエティ、王立園芸協会）が主催する、世界的に有名なフラワーショーで、ロンドン市内のチェルシー王立病院の敷地内で行われます。このイベントにあわせてチェルシー周辺のお店では、エントランスをお花で飾ったり、フラワーアフタヌーンティーなどのメニューも提供。初日は、ロイヤルファミリーが招待される限定日。多くの人が訪れるので、チケット入手はお早めに。

コッツウォルズの村祭り、モリスダンス

イギリス西部のコッツウォルズ地方では、さまざまなお祭りが開催されます。有名なのはチーズころがし祭りですが、季節の良いこの時期、村祭りが各地で行われます。お祭りでは小さなマーケットが開かれ、露店では手作りのケーキやジャム、アンティークやガラクタが販売されます。なかでも「モリスダンス」という、フォークダンスの一種は一見の価値あり。村人がお揃いの衣装で、ユニークなダンスを踊ります。

6月

トゥルーピング・ザ・カラー

260年以上行われている、英国君主の公式誕生日を祝うパレードのこと。「軍旗分列行進式」という意味で、もともとは軍旗（の色）を見せながら軍隊が行進したそうです。現在では約1400名の近衛兵、200頭の馬、400名の音楽隊がバッキンガム宮殿周辺を行進します。最後にロイヤルメンバーが、宮殿のバルコニーに現れて手を振るのがお約束。

ロイヤルアスコット

英王室が主催する、アスコット競馬場にて行われる競馬イベントです。映画『マイフェアレディ』でも、主人公イライザが貴婦人として成長した姿で参加したシーンは有名ですね。階級（クラス）のあるイギリス社会らしく、会場はロイヤル、クイーンアン、ビレッジ、ウインザーにわかれ、「ロイヤルエンクロージャー」と呼ばれる最上級のクラスでは、男性はウエストコート付のモーニングコートとトップハット、女性はドレスかパンツスーツと帽子の着用が義務付けられています。

7月

ウインブルドンテニス

ロンドンのウインブルドンで行われる、世界4大国際テニス競技大会のひとつ。試合や練習の際には、白いウエアを着用することが義務付けられています。この大会のために、1年がかりで管理した芝（ローン）のコートは、決勝に近づくにつれて試合数が多くなり芝がはがれ、土が見えるようになるのも、毎年の見どころ？です。名物は「ストロベリークリーム」。季節のイチゴにクリームをかけたシンプルなものですが、チケットを持っていなくても、会場外でも食べることができます。

F1イギリスグランプリ

フォーミュラ1と呼ばれる、モータースポーツの最高峰のレース。世界各地で行われ、イギリスではイギリス中部のシルバーストーン・サーキットで行われています。1950年に、F1の世界選手権が初めて開催された第一戦がイギリスグランプリであったため、F1の中ではもっとも伝統のあるレースといわれています。

ハンプトンコートパレスフラワーショー

チェルシーフラワーショーが、あまりにも有名になりすぎて観光客が多く訪れるようになったためか、イギリスの花を愛する人々は同規模のハンプトンコート宮殿で行われるフラワーショーを訪れるようになったとか。ヘンリー8世の宮殿だったことでも有名ですが、フラワーショーのないときでも広大な庭を見学することができます。

バッキンガム宮殿内部見学始まる（～10月）

ヴィクトリア女王の即位以後、現在はチャールズ国王のロンドンの公邸および執務の場である、バッキンガム宮殿。ロイヤルファミリーは、スコットランドのバルモーラル城で夏の休暇を過ごして留守にするため、この時期のみバッキンガム宮殿の内部を一般公開しています。おみやげショップでのお買い物も楽しんでくださいね。

8月

ノッティングヒル・カーニバル

1966年から始まった、ロンドンのノッティングヒルで行われる、カリブ系音楽のパレード。当時ノッティングヒルでは、カリブ系移民が多く住んでおり、最初は地元住民のためのお祭りだったとか。現在では8月のバンクホリデー期間に開催するカーニバルとして、100万人以上の人が訪れる、ヨーロッパ最大のストリート・カーニバルだそうです。

エジンバラフェスティバル

スコットランドのエジンバラで毎年8月に開催される大規模なお祭り。名物はミリタリータトゥという、スコットランドの伝統衣装キルトを身に着けた軍の音楽隊による、エジンバラ城でのバグパイプのパフォーマンス。このお祭りが終わると、北の都であるスコットランドは秋を迎えます。

サマーバンクホリデー終わる

8月の最終月曜日で、夏の連休のバンクホリデーが終了。夏の日差しと共にホリデーをぞんぶんに楽しんだイギリス人たちは、そろそろ学業へ、会社へ、日常生活へ戻っていきます。

9月

ロンドンファッションウイーク

ニューヨーク、パリ、ミラノとならぶ4大コレクションのひとつ。年に2回、1週間にわたって開催される新作発表会です。世界中からファッション関係者やインフルエンサーなどの招待客、取材者がロンドンを訪れるため、この時期ロンドンの高級ホテルは満室に。また、この時期にあわせて、ロンドンのミュージアムなどで、テキスタイル系のイベントやイギリス人ファッションデザイナーのエキシビションが開催されることもあります。

10月

ハロウィーン

アメリカほど盛んではなかったイギリスのハロウィーンですが、近年は日本と同じように、多くのハロウィーングッズがこの時期、お店に並ぶようになりました。

ハロウィーンは毎年10月31日に行われる、キリスト教のお祭「万聖節」の前夜祭。最近では宗教色が薄くなり、イベントとして認識されるようになってきましたが、もともとは古代ケルトの収穫祭として始まったそうです。

サマータイム終わる

最終日曜日の午前2時にサマータイムが終わり、時計を1時間戻して午前1時となります。

11月

クリスマスのイルミネーション開始

中旬頃から、クリスマス用のイルミネーションが各地で開始されます。ロンドンでは、リージェントストリートなどの有名なイルミネーションを2階建てバスで見学できるツアーもあります。

ボンファイヤーナイト

ガイ・フォークスナイトともいい、1605年に貴族院の爆破とジェームズ1世の暗殺を謀ろうとしたガイ・フォークスにちなんだ11月5日、イギリス各地で花火大会が行われ、ガイ・フォークス人形が、焚火で燃やされます。

戦没者追悼記念日

1918年11月11日、第一次世界大戦が終結したことによる戦没者追悼記念日です。イギリスではこの日、戦争が終わった午前11時に、2分間の黙祷が行われます。リメンバランスデー、ポピーデーともいわれ、戦没者追悼のシンボルである紙製のポピーを販売して、退役軍人やその家族のために募金活動を行います。

12月

アンティーク売買、最盛期へ

イギリスではクリスマスプレゼントを買うために、手持ちのアンティークを売ったり、またはプレゼントとしてアンティークを買ったりします。そのためこの時期がいちばんアンティークの売買が盛んになり、ふだん出てこないお宝に巡り合うことも。私の場合はひと足早く、11月中旬から下旬にかけて、買いつけに行ったりします。

クリスマス、ボクシングデー

1年のうちでいちばんといっても過言ではない、イギリス最大のビッグイベントです。一般的に25日は家族や親族、親しい友人と集まり、ある人は教会へ行き、その後ローストターキーなどのクリスマスのごちそうやクリスマスケーキ、クリスマスプディング、ミンスパイを食べ、マルドワイン（香辛料入りのホット赤ワイン）を飲みます。ちなみにこの日、ロンドンのすべての公共交通機関は運休となります。

翌日の26日はボクシングデーと呼ばれ、イギリスでは休日になります。かつて使用人などにこづかいやプレゼント（ボックス）を渡したことから、ボクシングデーと呼ばれます。

British Sweets and Bread All Seasons

オールシーズン

ケーキの祖先はパン？ イギリスのパンとお菓子の関係

コッツウォルズのマナーハウスで出てきた自家製パン。

いろいろな種類のパンがおいしかった、ランチプレート。

イギリスでは、パンとお菓子の境界があいまいです。たとえば、ティーブレッドとティーケーキ。ティーブレッドは、イーストやベーキングパウダーを使ったお菓子のこと。ティーケーキは丸くて平たい、日本でいえば菓子パンの部類。どちらもドライフルーツが入っていて、軽くトーストして、バターを塗っていただきます。ティーブレッドという名前は、ローフ型で焼くため、パンに似た形からその名前になったといわれています。

ちなみにケーキの祖先はパンで、パンにハチミツと牛乳、脂肪が加わった贅沢なパンがケーキに発展していったそうです。ケーキという言葉の語源は不明で、古英語（3、4～10世紀頃の英語）経由のラテン外来語だ、という説があり、文献には14世紀に登場しました。当時の大ベストセラー『カンタベリー物語』は、イギリス南東部にあるカンタベリー大聖堂へ巡礼する途中、偶然、宿が一緒になった旅人たちが、次々に物語を話し始めます。そのなかには、平たくて丸いケーキのようなパンと、香辛料とハチミツか砂糖で味をつけ、エール（ビール）の酵母で膨らませ、クリームとバターと卵を加えて仕上げた、豪華なケーキが登場します。

パンとケーキのあいだ?「バンズ」

イギリスでは「バンズ」と呼ばれる菓子パンもあります。中世からあったそうで、シェイクスピアの「十二夜」では「ケーキ」として登場しますが、実はバンズのことだったとか。

18世紀頃にロンドンのチェルシーで大人気だったチェルシーバンズは、シナモンロールに似た形状です。同じ頃、有名な観光地のバースで生まれたバースバンは、当初砂糖でコーティングされたキャラウェイシードが使われていたそうですが、その後ドライフルーツが使われるようになりました。どちらもイギリス人に人気の菓子パンで、現在でもイギリスのスーパーマーケットなどで手に入ります。

イースター(キリストの復活祭)に食べる「ホットクロスバンズ」は、14世紀に修道士が貧しい人々に配ったのが始まりといわれています。当時バンズは贅沢品だったため、16世紀の「贅沢禁止令」により「バンズの販売は葬式、クリスマス、復活祭など冠婚葬祭だけ」に。それがきっかけでグッドフライデー(イースター前の金曜日)に、菓子パンの上に十字架がついた「ホットクロスバンズ」を食べる習慣が一般に

イギリスで食べた、チェルシーバンズ(左)とエクルズケーキ(右)。

コッツウォルズの有名店「デイルズフォード」のパン売り場。

広まりました。

私が作ったブレッド&バタープディング。作り方は137ページに。

パンを使ったイギリスのデザート ブレッド&バタープディング

バターを塗った食パンに、卵と牛乳と砂糖を混ぜたものをかけてオーブンで焼いたデザート、それがブレッド&バタープディングです。イギリスでは、手軽な家庭のおやつの代表ですが、300年以上前からレシピがあるそうです。

ホットクロスバンズはもともと、イースター前のグッドフライデーに食べられていたものですが、今では1年中スーパーマーケットにあります。

以前、私が主催したイギリスツアーで、コッツウォルズの一般家庭でお菓子教室をしたときに、ブレッド&バタープディングを家主が作ってくれました。そのときに彼が、イギリスの子供たちがお母さんに最初に習うお菓子だといっていました。

家庭によって、牛乳のかわりに生クリームを使ったり、ジャムやマーマレードを入れたり、レシピはさまざま。焼き上がりはフレンチトーストにも似た食感で、最近ではロンドンのレストランやカフェなどでも、見かけるようになりました。

私は大好物なのでよく作りますが、とっても簡単です。こだわりとしては、サンドイッチ用の薄い食パンを使うこと。パンは乾いているほうが、卵液をよく吸い込むので、パンを数日置いてから使います。焼き上がりは上部をカリカリさせたほうが好みなので、パンの耳も使います。柔らかい仕上がりがお好きであれば、ミミをカットしてください。冷蔵庫にちょっと残っている、ジャムやマーマレードなどを添えるのもおすすめです。私の英国料理の先生、メアリーさんはフランスパンを使っていましたが、食感が軽めになり、こちらもおいしいですよ。

ブレッド&バタープディング

材料（4人分）
卵 ……… 1個
パン(サンドイッチ用の薄いもの) ……… 4枚
バター ……… 適量
牛乳または豆乳 ……… 300mL
砂糖 ……… 大さじ3
サルタナレーズン ……… 80g
お好みのジャム ……… 適量

作り方
1 パンにバターを塗り、1枚を12等分の三角形に切る。
2 耐熱容器にパンを並べ、サルタナレーズン半量を均等に入れ、卵、牛乳、砂糖を混ぜた卵液を半分入れて、パンに染み込ませる。
3 残りのパンを並べ、残りの卵液を入れる。
4 ラップをかけて軽く上部を押さえ、冷蔵庫で30分～1時間ほど置く。
5 180℃に予熱したオーブンに、湯を半量入れた天板に4を置き、40分ほど焼く。
6 焼き上がる少し前に、レーズン半量を上部に散らす。
7 食べるときに、お好みのジャムを添える。

ロンドンのフォートナム&メイソンで見かけた、専用バスケットに入ったパンたち。

コッツウォルズの有名ベーカリー「ハフキンス」。

イギリスのケーキは、なぜ茶色ばかり？

～イギリスお菓子の文化史～

イギリスのケーキは、基本が焼きっぱなし。フランス菓子のようにデコレーションしないものがほとんどで、ケーキの生地自体も茶色のものが多いのです。私がイギリスに住み始めた頃、日本で「ケーキ」と思っていたものはフランス菓子のことで、それを食べるにはロンドン市内の中心部にある、フランス式のパティスリーまで買いに行かねばなりませんでした。イギリス暮らしに慣れ、ティーハウス巡りが趣味になった頃には、すっかりイギリスの茶色いケーキに慣れてしまいましたが……。

しかし、最近イギリスのお菓子の本を作っていたとき「なぜこんなに茶色ばかりなのか？」と、不思議に思えてきたのです。

ヴィクトリア朝をテーマにした講座では、当時のお菓子をご提供しました。

イギリスを代表する茶色のお菓子「ジンジャーブレッド」

私たちが今「ケーキ」という言葉で思い浮かべる、甘くて柔らかいスポン

ティーパーティ用のお菓子たち。茶色が目立ちます。

ジ状のものは、17世紀に菓子パンから生まれ、18世紀半ばに一般化したそうです。世界で最初のケーキは、新石器時代のものがスイスで発見されました。それは円盤状で硬く、オーツケーキ（スコットランド発祥のオーツ麦で作られた、クラッカーのように薄くて硬いビスケット）に似たものだったとか。

　この硬いお菓子は長く受け継がれ、中世のイギリスではジンジャーブレッドになりました。ジンジャーブレッドとは、パン粉とハチミツ、ショウガ、コショウ、サフラン、シナモンなどの香辛料を入れて、なめらかになるまでこねて四角に成型したものでした。

　ジンジャーブレッドについて詳しく紹介した書籍『ジンジャーブレッド　英国伝統のレシピとヒストリー』（内外出版社）の著者で、イギリス菓子教室「Galettes and Biscuits」主宰の安田真理子さんによると、昔は白い小麦粉は贅沢品で、家庭のお菓子には全粒小麦やオーツ、茶色い砂糖が使われていたそうです。また、膨張剤には生地が茶色くなりやすい重曹を使いました。そこにたくさんのドライフルーツを入れて混ぜ合わせるのでより茶色くなり、さらに砂糖がわりに濃い茶色のトリークル（糖蜜）もよく使われたので、お菓子が茶色になったそうです。

スコーン、ビスケットなど、素朴な見た目の英国菓子とパン。

教室用に私が作った、バナナブレッドとパンプキンケーキ。

ふだんのお菓子は、茶色がおいしい？

　なるほど、ジンジャーブレッドが茶色化するのは、小麦粉など材料の影響だったんですね。しかし他の英国菓子はどうなのか？　大人気英国菓子店「Lazy Daisy Bakery」の中山真由美さんにお聞きしてみました。

「イギリスのお菓子が茶色いのは、家

で作って家で楽しむものだからでしょうか。私もずっと不思議に思っていたのですが、フランスは革命後、お屋敷勤めをしていた料理人は仕事がなくなり、生活の糧として『売るため』のお菓子が作られ、今に至っていると何かで読んで、なるほどと思いました。

かたやイギリスのお菓子はお屋敷であれ農民であれ、その家で作ってその家で楽しんできた歴史があります。エリザベス時代に、家計を取り仕切るのが執事からお屋敷の奥様にかわり、ふだんのお菓子は、贅沢なものではなく、農園の収穫物を使うよう料理人に指示していたのだそうで、それがホームベーキングの始まりといわれています。

『お菓子も、家にあるもので作りましょう』という心がずっと引き継がれてきていることと、家で作って家で食べるふだんのお菓子は他人の目をひく必要がないことが、イギリスに茶色いお菓子が多い理由のような気がします」（中山さん）

キャラウェイシードを使った特別な茶色のお菓子、シードケーキ

中山さんのお店で、大人気のお菓子「シードケーキ」。こちらも全体が茶色で、飾りつけはいっさいせず、表面はあえてひび割れるように作っているケーキです。古い歴史を持つお菓子なのですが、イギリスで廃れていたところ中山さんが復刻したそうです。

シードケーキは中世から作られ、ビスケットのような堅い生地に、キャラウェイシードを砂糖衣で包んだものを入れていたそうです。18世紀の終わり頃にはさまざまなレシピで作られた人気のケーキとなり、ヴィクトリア朝時代のアフタヌーンティーでは、定番のお菓子でした。

キャラウェイシードは古くから親しまれたスパイスで、独特のほろ苦さと甘くさわやかな風味があります。腸内環境を整えて消化を促進し、リラックス効果もあるそうです。

イギリスでは14世紀頃の料理本に登場しており、お菓子だけでなくサラダやスープなど、いろいろな料理に使われました。また、人や物を引き留める力があるといわれ、子供の枕に忍ばせたり、家畜のエサに混ぜたりしていたとか。日本では「ヒメウイキョウ」と呼ばれています。

中山さんのシードケーキを初めて食べたときに、どこか懐かしい気がしました。というのも、イギリスに住んで初めて食べた野菜が、「ウイキョウ

（フェンネル）」でした。イギリスではとてもポピュラーで、根元の部分は生でサラダにしたり、葉の部分は細かく刻んで、スモークサーモンと一緒にマリネにします。独特な風味があって、ロンドンの市場で新鮮なものを買い、そのまま食べていました。当時のロンドンでの思い出が、シードケーキと共によみがえりました。

　シードケーキは、トールキンの名作『ホビットの冒険』やアガサ・クリスティの『バートラム・ホテルにて』などに登場しますが、第二次世界大戦以降は忘れられたお菓子になってしまったそうです。中山さんがイギリスでシードケーキを探したとき、コッツウォルズの1軒のベーカリーでやっと見つけたとか。

　その後中山さんが試行錯誤して作ったのが「クラシックシードケーキ」で、現在お店で販売しているのも「クラシックシードケーキ」です。中山さんが「イギリスのケーキの基本」という、ヴィクトリアスポンジにキャラウェイシードを入れた、現代のシードケーキのレシピをご紹介いただきました。

焼きっぱなしのよさ、便利さ

「ナショナル・ガーデン・スキーム（通称NGS）」という、プライベート・ガーデンを一般に開放する団体があり、庭を見るだけでなく、ケーキやお茶を有料でふるまう家庭もあります。以前この団体を取材したとき、たくさんのケーキをご用意していた家がありました。準備がたいへんそう！　と聞いてみたところ、ケーキは2～3日前から近所の人や友達が集まって、みんなで作るからとても楽しいそうです。焼きっぱなしで保存がきくものが多いからできることですね。

　イギリスのお菓子は茶色くて地味なものがほとんどですが、食べ飽きない素朴なおいしさも魅力のひとつ。こうした自然な便利さも、イギリスの人々に現在も愛されている理由かもしれません。

本書でもいろいろとお世話になった、Lazy Daisy Bakeryの中山真由美さん。

Lazy Daisy Bakeryのレシピ

Lazy Daisy Bakeryのモダンシードケーキ

材料（15cmの丸型1台分）

バター ……… 105g
細目グラニュー糖 ……… 60g
きび砂糖 ……… 25g
卵 ……… 2個
キャラウェイシード ……… 5g
バニラペースト ……… 1g
薄力粉 ……… 115g
ベーキングパウダー ……… 7g
トッピング用の細目グラニュー糖 ……… 適宜

下準備

- バターは室温に戻し、ジェル程度の柔らかさにする。
- 卵は室温に戻し、小さなボウルに割りほぐす。
- 型の底にオーブンペーパーを敷く。
- オーブンを180℃に予熱して、天板を入れ温めておく。

作り方

1 生地を作る。ボウルにジェル状に戻したバターとグラニュー糖、きび砂糖を入れ、白っぽくふわふわになるまでハンドミキサーで攪拌する。

2 溶き卵を4～5回に分けて加える。1回目は少なめに加えハンドミキサーで全体がなじむまでよく混ぜ合わせる。その後は数回に分けて加え、その都度よく混ぜ合わせて全体をふわふわのクリーム状にする。

3 ゴムベラに持ち替え、キャラウェイシードとバニラペーストを2に加えてひと混ぜする。

4 薄力粉とベーキングパウダーを合わせてふるい入れ、生地をつぶさないように注意しながらゴムベラでボウルの底から返すように混ぜ合わせる。粉っぽさがなく全体がツヤッとしたら混ぜおわり。

5 生地を型に移し表面を整える。トッピング用の細目グラニュー糖を表面全体にふる。

6 180℃に予熱したオーブンで35分ほど焼く。中心に竹串を刺して取り出し、生っぽい生地がついてこなければ焼き上がり。型のまま冷まし、手で触れるくらいになったら型から取り出して完全に冷ます。

専門家と歩くロンドンの人気ベーカリー

イギリスでパンといえば、スーパーマーケットなどで売られている、朝食用のトーストや、サンドイッチに使われる食パンが一般的でした。しかし現在ではアーティザンベーカリー（職人たちが作る独立系のベーカリー）の流行により、天然酵母を使った独特の酸味と風味がある、サワードゥブレッドが定番になりました。私が初めておいしい天然酵母のパンを食べたのは、パリの老舗ベーカリー「ポワラーヌ」のパン・ド・カンパーニュで、ロンドンにも出店しています。このように今では、フランスのパンやチャバタなどのイタリアのパン、ドイツ、北欧、中近東のパンなど、いろいろなパンがロンドンで出回るようになりました。

スシ、ベントーなど日本食の流行により、あんパンが知られるようになりましたが、日本式の惣菜パンや菓子パンはまだ珍しい存在。しかし日本人のベーカリーがイギリスのパン大会で賞をとったと聞き、さっそく取材へ。ロンドンの西のターミナル駅、ハマースミスからバスで約5分、小さな商店が軒を連ねる住宅街に、そのお店「ハッピースカイ・ベーカリー＆カフェ」がありました。

「ワールドブレッド・アワードで、2017年にはチョコレート・ボルケーノという菓子パンで銅賞、2018年にはエダマメチーズという惣菜パンで銀賞をいただきました」と、お話いただいたのは、オーナー・シェフの樋田もとこさん。ワールドブレッド・アワードとは、英国王室御用達の老舗ジャム

ハッピースカイ・ベーカリー＆カフェの入り口と、受賞記念のシール。

焼きそばパンやメロンパンなど、お店で人気の惣菜パンたち。

会社のチプトリー、その他食料品会社、製粉会社などがスポンサーとして設立したイギリスのパン大会です。審査員には、セレブシェフや有名ベー

初めてのお客さんにも、パンの内容をわかってもらえるように写真入りで紹介。

現在はもとの形に戻し、お客さんに選んでもらうスタイルに。

カリーのオーナー、料理雑誌の編集者、フードライターなどがいます。

樋田さんはイギリスで暮らす前に、中国でアパレルの仕事についているときに妊娠がわかり、イギリス人男性と結婚、渡英することに。子供の頃から家族みんなでパン作りをするパン好き一家として育ち、子供ができたら保存料などを使わない、安全で安心して食べられるパンを食べさせたいということで、天然酵母にこだわり、すべてホームメイドのパン作りを始めたそうです。

最初は日本の菓子パンや惣菜パン、キャラクターのケーキなどの販売を始め、その後パンやお菓子のケータリングを経て、2015年に現在のお店をオープン。最初は日本のパン屋さんのように、ずらりと商品を並べてトングでトレイに取る方式で販売したところ、イギリス人が惣菜パンを知らないため、中身に何が入っているのかがわからず、まったく売れなかったとか。ひとつひとつパンの説明をしながら、対面販売に変更したところ売れ始めたそうです。

「ブリオッシュ生地のような、甘くてふわふわのごちそう食パンというのを作ったのですが、最初はぜんぜん売れなかった。イギリス人にとって食パンというのは、サンドイッチにするためのもので、食パン本体を味わう、という感覚がなかったんですね。今では売れ筋のひとつで、食パンだけの取材もあります」

イギリス料理は砂糖を使う習慣がなく、甘味は食事後のデザートで、という考え方が一般的。そして豆料理もよく食べるけれど、あんパンのあんのように「豆を甘く煮る」という

感覚が、最初イギリス人にはとても抵抗感があり、受け入れられなかったとか。最近は日本食好きなイギリス人も増え、あんパンも好評。生クリームなどの油脂を使わないので、ヘルシーな甘味として人気があるそうです。

「天然酵母や安全な食品にこだわっているので、正直、仕込みはたいへんです。ロンドンは家賃も高く、日本では考えられないようなことが起こったりして、お店の経営もなかなかたいへんですが、これからやってみたいことがいろいろあります」

　私が以前暮らしていたときも、旅している今も、信じられないようなアクシデントやトラブルが起きるロンドン。しかし樋田さんは、私よりもっとずっとタフでアクティブ、ポジティブ・マインドで、ビジネスを拡大しています。

　ロンドンに共通の友人がいることもわかり、その後も仲良くしていただき、樋田さんおすすめの人気ベーカ

サワードゥ生地を使った、フォーティーチュード・ベイクハウスのパン。お店はラッセル・スクエア駅からすぐの路地にあります。

フォーティーチュード・ベイクハウスでは、ケーキ類にもサワードゥ生地を使用。コーヒーも評判で、朝から行列が絶えません。

フランス系のミエルベーカリー。私のお気に入りは、アップルパイ。

ミエルベーカリーのいちばん人気、クロワッサン。

リーにも連れていっていただきました。

　まずは樋田さんいちばんのおすすめ、きさくでおしゃべり好きなアイルランド人のオーナー、ディー・レッタリさんのお店「フォーティチュード・ベイクハウス」へ。ここのパンは、「私の手はサワードゥでできている」というディーさんの言葉のとおり、ハード系の食事パンだけでなく、ペイストリーやケーキ類にいたるまで、サワードゥ生地が使われています。そして物価高のロンドンでも価格を抑え、驚くほどリーズナブルです。朝早くから行列が途絶えない、パン好きならばぜひ一度行ってほしいお店です。

　2軒目は、地下鉄ウォレンストリート駅から歩いて数分、好立地にある「ミエルベーカリー」です。ここはロンドンの友人におすすめされて、私が行きたかったお店。フランス系ベーカリーで、クオリティの高い食材を使ったクロワッサン、アップルパイ、パン・オ・ショコラなどが人気です。

　樋田さんが食パンを卸している「シークレットサンドイッチ」もおもしろいお店でした。コロナによるロックダウンを契機に、ナイトクラブをサンドイッチショップに。オーナーが日本に滞在したときに流行中だった、具沢山で見栄えのするサンドイッチを「Wampaku　sando」と名づけて販売したら、ロンドンでたちまち評判に。サンドイッチはイギリス発祥ゆえに、イギリス人はハムやチーズ、ツナなど、オーソドックスなサンドイッチしか知らなかったこともあり、このサンドイッチが人気を呼んだそうです。

　この後ロンドンの東側にある、イギリスのアーティザンベーカリーの元祖ともいえる「E5」に連れていってもらったところで、タイムアウト。

　ロンドンの飲食店は、2020年以降コロナによるロックダウンで閉店した店も数多くあり、繁華街に空き店舗が目立ちます。「ロックダウン後も生き延びたが、成功したわけではない。まだまだこれから」とは、フォーティチュード・ベイクハウスのディーさんのお言葉。樋田さんはじめ、ベーカーのみなさんにはこれからもがんばってほしいと、心から願っています。

シークレットサンドイッチの「Wampaku sando（ワンパクサンド）」。

イギリスのオーガニックとレディミール（中食）

イギリスのオーガニック

イギリスでは2000年代初頭に起こったBSE問題以降、オーガニックの食品を買い求める人が増えてきました。イギリスでオーガニックといえば、「ソイル・アソシエーション・サーティフィケーション」という、1946年に設立された認定団体が有名です。ソイルとは土のことで、当時農業の産業化で農薬や化学肥料が大量に使われはじめ、それを危惧した人々が設立しました。こうした団体が厳しくチェックしているので、イギリスでは日本よりオーガニック食品認定が厳しいそうです。オーガニック食品はイギリスの大型スーパーマーケットで販売されていますが、ロンドン中心部でも、ファーマーズマーケットが盛んに行われるようになりました。

イギリスの中食、レディミール

イギリスはもともと日照時間や土壌の問題で、生野菜が育ちにくく、アフタヌーンティーで有名な「キュウリのサンドイッチ」は、生野菜がとても貴重で高価だった頃生まれたメニューだそうです。そういえばイギリスの主な野菜で思い浮かぶのは、キャベツやニンジン、ジャガイモ、カリフラワーくらい。私が住んでいた1980年代の終わり頃、サラダといえばレタスのきれはしがちょっぴりと、固いトマトの薄い輪切りが2〜3切れ。その他の野菜は冷凍食品がほとんどで、それもたいていゆですぎて味がなくなっていました。

ロンドンのファーマーズマーケット。

アメリカで1960年代に「テレビディナー」というメインディッシュやデザートがワンプレートになっている冷凍食品が流行すると、それがイギリスでも1970年代に大流行したそうです。長引く不況のなか、安価な冷凍食品やテレビディナーがもてはやされ、イギリスの本物の家庭料理が失われていきました。この頃が、イギリスの食の暗黒時代だったといえるでしょう。しかしその後冷凍食品が多様化したこともあり、「中食」レディミールのメニューが発展していきました。1990年代以降にグルメブームが起きるまで、ほとんどの家庭ではレディミールを利用していました。

MSG使用から オーガニックレディミールへ

MSGとは、グルタミン酸ナトリウム、つまりうまみ調味料のことです。イギリスではMSG摂取を懸念している人が多いので、食品パッケージに「MSGは使用しておりません」などの注意書きがよくあります。

冷凍食品や中食にはMSGが多用されていたので、食の安全に気をつける人々の間で敬遠されるようになりました。

そんなときにできたのが、オーガニック食材を使ったレディミールのショップ「COOK」です。COOKは1997年、ロンドン近郊のファーナムという住宅街でオープン。たちまち評判となり、現在はイギリス国内に90店舗あるそうです。このお店は調理加工された冷凍食品のみを店頭で販売し、メニューはイギリスの家庭の味を再現しているのが特徴です。私もロンドンに滞在したときに利用しますが、イギリス料理だけでなくエスニックなどのいろいろなメニューがあり、味もなかなか。クリスマスの特別料理は、この時期にイギリスにいたら食べてみたいものばかりです。

オーガニック食材を使ったレディミールのショップ「COOK」の看板。

COOKで買った、冷凍のイギリス料理。

裏面に「MSG不使用」と表示のあるインスタントソース。

　COOKだけでなく、私がイギリスにいるときには、こうした冷凍食品や中食によくお世話になっています。というのも、日本人はおさしみ、麻婆豆腐、ステーキといった和洋折衷なメニューがいっぺんに食卓に並ぶのになんの違和感もありませんが、イギリスでは不思議な献立なのです。たいていのイギリス人は、イギリス料理の日はイギリス料理のみ、インド料理の夕食はインド料理のみです。イギリスでもいろいろな料理を一度に食べたい日本人の私としては、自由にメニューを選ぶことができる中食に助けられています。イギリス料理はもちろん、ギリシャ、タイ、インド、ベトナムなどの多種多様な料理があり、デザートも充実しています。キッチンがついたアパートメントホテルを借りたときには、こうした中食を一同に並べ、日本式の食事を楽しんでいます。

コンウォールの海水を精製して作る「コーニッシュシーソルト」。

BBCグッドフードショー

　何年か前に、「BBCグッドフードショー」に行ったことがあります。『BBCグッドフード』という雑誌が、年

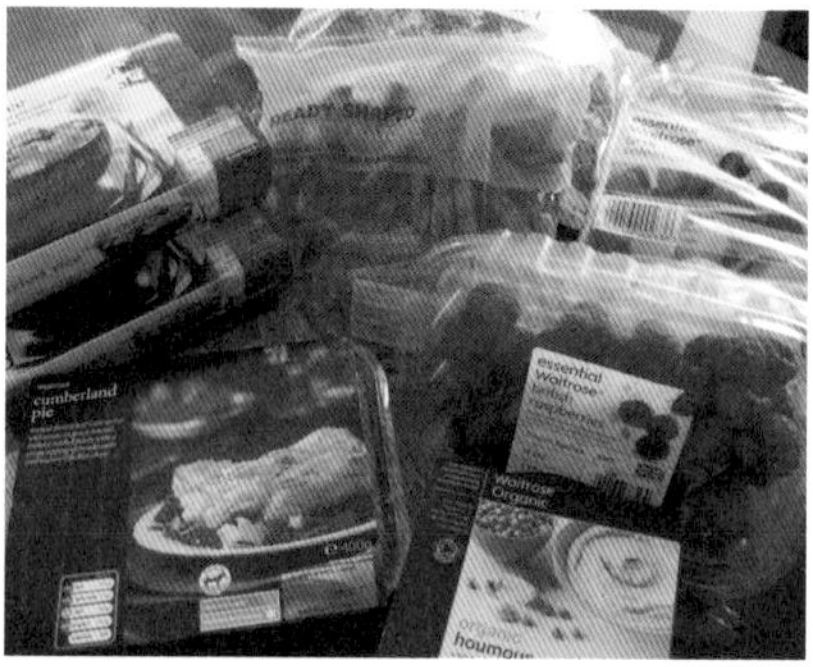

スーパーマーケットのレディミールや野菜、フルーツなど。

今や豆腐、ミソなどの日本食品も、イギリスでは普通に販売。

BBCグッドフードショーの会場。

いろいろなデモンストレーションがあり、テイスティングもできます。

に3回開催している食品見本市です。入場料を払えばだれでも入ることができ、その年のイギリスの食のトレンドがわかります。日本企業も参加していました。

そこで目についたのが、コンウォールの塩「コーニッシュシーソルト」。イギリスのスーパーマーケットなどで、よく売っている天然塩です。100年前の製法でコンウォールの海水を精製して作る塩は、天然のカルシウムとマグネシウムが豊富で、ミシュランの星を獲得したレストランなどでも使用されているそうです。私も愛用しているのですが、フードショーの出店で、塩といろいろなハーブをミックスした新商品を知りました。

ヴェジタリアンとヴィーガンの違いは?

ヴェジタリアンとは、なるべく野菜を中心とした食事をしたいという、菜食主義のこと。最近ではこうした主義の人々がラクト・ヴェジタリアン(牛乳、チーズなどはOKのヴェジタリアン)、オボ・ヴェジタリアン(卵がOKのヴェジタリアン)など細分化されていますが、いっさい動物性たんぱく質をとらないのが、ヴィーガン(完全菜食主義)です。

イギリスのオーガニック・マーケットやショップへ行くと、数々のオリーブやオリーブ・オイル、豊富な種類のナッツがたくさん売られています。私のイギリスの友人にもヴィーガンがいますが、彼らはこうした植物系の食品からオイルを吸収しないと、体がもたないようです。またキノコ類も豊富に販売しており、日本では干しシイタケが出汁になるように、イギリスではマッシュルームが肉の出汁がわりになるようです。最近はやや高めですが「シイタケマッシュルーム」という名前で、日本のシイタケも人気です。

おすすめの
お店と
おいしいレシピ

英国式パブで、郷土料理のコーニッシュ・パスティ、
ヨークシャープディング・サンドを

ザ・クラッパム イン

The Clapham Inn

関西の高級住宅地、阪急神戸線芦屋川駅から徒歩数分にある英国パブ「ザ・クラッパム イン」。高級住宅街にありながらもカジュアルな入口の雰囲気で、ふと立ち寄ってみたくなるたたずまい。パブとはパブリックハウスの略で、イギリスではビールと料理をリーズナブルに提供する居酒屋のようなものですが、地方ではレストランがわりの存在です。そしてクラッパム インは、ガストロノミー（美食）が味わえるガストロパブなのです。

ザ・クラッパム　インで飲んだラガーシャンディ（ラガービールをジンジャーエールで割ったもの）。

店のオープンは、2010年12月。それまで会社員をしていたオーナーの伊藤光守さんは、以前暮らしたロンドンの多様な食文化を自らの手で表現するため、地域の特性をよく知る地元、芦屋で店を開くことに。店名の「クラッパム」は、伊藤さんがロンドンで住んでいたクラッパムジャンクションから。イギリスでいちばん忙しい駅といわれるほど、多くの路線が複雑に

入り組んでいる駅で、ホームからホームへ行きかうさまざまな人々を受け入れる、地域の社交場の中心でありたいと名づけたそうです。「イン」とは、かつて宿屋をさした古い英語で、現在ではパブと同様の意味。
「阪急神戸線沿線は、大学などの教育機関が多く、沿線には外国人が多く住んでいます。当店のようなスタイルをご理解いただける環境ではないかと思い、地元を選びました」（伊藤さん）
しかし開店当初は、パブがどういうものかわからないお客様がほとんどで、店の形態を理解してもらうため、辛抱した時期もあったそうです。

オーナーの伊藤さん。以前、ロンドンのクラッパムジャンクション近くに住んでいたそうです。

「今も不安や怖さはずっと持ち合わせています。それが良い仕事に繋げるために、必要な要素だと……。思い込みすぎはよくないですが（笑）」

パブといえば、まずはビールがウリ。こちらでは、貴重な国産の地ビールを樽生で提供しているほか、イギリス産のビールやめずらしいスコッチウイスキー、今ロンドンで流行中のジンなども提供しています。

もうひとつのウリが、本格的な英国料理。「イギリス料理はまずい」という噂を信じている人もまだいますが、実は現在のイギリスは美食の国。多くのスターシェフが登場し、進化したレストランが次々とオープンするグルメ大国へと成長しました。日本と同じく島国のイギリスでは、日本

ザ・クラッパム インで食べたスコッチエッグ。

同様に豊かな食材がありながら、以前はオマール、ロブスターなどの高級食材のほとんどが、フランスへ送られていたのが、今ではイギリス国内で消費されるようになりました。

お店で提供する英国料理のなかでも、特におすすめなのはコーニッシュパスティ。コーニッシュ・パスティは、イギリスの南西部のコーンウォール地方が発祥のパイで、錫鉱山の鉱夫用のお弁当でした。錫にはヒ素が含まれているため、鉱夫が汚れた手で食べても大丈夫なように、パイ生地は分厚く作り、主に中身を食べたそうです。鉱夫は貧しかったので、中身はジャガイモ、タマネギ、カブなど野菜だけだったとか。クラッパム インのパスティには、中身に牛肉がたっぷり使われ、薄いパイ皮です。作るのに手間がかかるため、お店では個数限定で提供しているそうです。

撮影しているあいだに、コーニッシュパスティがどんどんなくなっていきます。私はあわてて取り置きしてもらいました。

コンウォール地方の郷土料理、コーニッシュパスティ。作るのに手間がかかるので、限定品だそうです。

「英国料理は、良い意味での野暮ったさが残っています。味も盛りつけも洗練されてはいませんが、しみじみおいしいというのが良さだと思います」と、伊藤さん。フランス料理は中世の王侯宮廷料理が原点ですが、英国料理は家庭料理から発祥したものがほとんどだから、素朴で身近なおいしさがあるのかも。

この店ならではのおすすめに、ヨークシャープディングのサンドイッチがあります。ヨークシャープディングとは、イギリスの北部、ヨークシャーの郷土料理がイギリス全土に広まったもので、シュークリームの皮のような食感です。ローストビーフやソーセージのつけ合わせによく使われますが、クラッパム インでは、スモークサーモンやコロネーションチキンという、イギリスで人気のあるカレー味のサンドイッチ・フィリングを入れて提供しています。

　ヨークシャープディングを作るには技術が必要で、オーブンから出したとたんにしぼんでしまうこともよくあります。伊藤さんの作るヨークシャー・プディングは時間がたってもしっかりとふくらんだままなので、サンドイッチにしても大丈夫なのです。

「お客様には不便な立地にお越しいただいているので、しっかり楽しんで頂ける雰囲気、接客を心掛けています」。伊藤さんのフレンドリーになりすぎず、適度に心地よい接客ゆえか、ひとりで来店する男性客や女性客、大阪や神戸から足を運ぶ常連客もいるそうです。

　2020年に以前のお店から、より芦屋川駅に近い店舗へ。初めて移転先に訪れてみると、前のお店より広く、道沿いから中が見える明るい店内に。通りがかる人々がのぞいていきますが、あいにくと満席です。スタッフも増え、忙しく働く伊藤さんとゆっくりお話するチャンスは今回なかったけれど、伊藤さんのホスピタリティが以前より増して、お店の居心地がさらによくなったような。「ビターバレン」（オランダのクリームコロッケ）、フムスなど、イギリス料理だけでなく、ワールドワイドなメニューもおいしい、おすすめのお店です。

こちらも人気商品のコテージパイ。

ヨークシャープディングを使った、スモークサーモンのサンドイッチ。

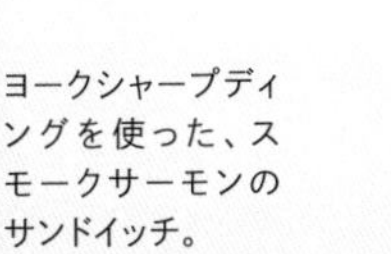

おわりに

～カモノハシのように～

この本に掲載した記事は、パンと菓子の専門誌『B&C』（パンニュース社）にて連載したものを中心に、以前書いたものや、新たに取材したものを含めて構成しました。連載記事はイギリスを中心に、新取材記事は日本にて、私が興味のあるものを取り上げています。

6年を超える連載は今も続いており、イギリスへ取材に行っています。この本で同じ場所、同じものを違うページでご紹介している箇所がありますが、連載当時の雰囲気をお伝えしたかったので、あえてそのままにしています。読みにくいかもしれませんが、なにとぞご容赦をお願いします。

私はアンティークディーラーでもあり、歴史あるものを扱っているわりに、自分の過去にはあまり興味がありません。けれど最近過去のことを聞かれることが多く、考えたら出版業は40年。飽きっぽい私が、よくもまあこんなに続いたものだなあと思います。たぶんそれは、いろいろな仕事、ときにはレストランで働いたり、少女マンガ家さんのメシスタントをしたり、またあるときは大学の聴講生になったり、プチ留学をしたり。マイペースにこの仕事を続けてきたせいかもしれません。今までいろいろな雑誌に記事を書いてきたのですが、このへんでまとめてもいいのかもしれないと、今回は過去の原稿を読み直す、いい機会となりました。

私の好きな哺乳類に「カモノハシ」がいます。ロンドンの自然史博物館ではく製を見て以来、いつかオーストラリアに行って、実物を見てみたいと思うようになりました。平たいくちばしがあり、ビーバーのような胴体と尾で、卵を産んで乳を与えて子供を育てるという、不思議な生き物です。

カモノハシは群れではなく、単独で生息し、活動は早朝と夕方のみ。いまだにその生態がよくわかっていません。カモノハシをなぜ好きなのかわからないのですが、カモノハシのように変わった生き物が、今まで長いこと生きてこられたのだったら、私もカモノハシのように、静かに生きていけたらいいなあと思っています。

本を作るにあたり、記事の転載を許可してくださった（株）パンニュース社の『B＆C』編集部のみなさま、とりとめのない記事をうまく1冊にまとめてくださった誠文堂新光社の黒田麻紀さん、いつもステキな写真をすばやく美しく撮影してくださる岡本譲治さん、福岡ではスコーンとアフタヌーンティー撮影と、博多のおいしいものを教えていただいた中西ゆき乃さん、勝手な要望をお願いするたびに、私の想像を超えたすばらしい装丁をしてくださる小野口広子さん。

そして取材を心よく引き受けてくださったイギリスのみなさまと、ご協力いただいた日本のみなさま、すべての方に心からの感謝を。

2024年3月　桜がもうちょっとで咲きそうな日に

小関由美

Yumi Koseki

小関由美（こせき・ゆみ）

東京女学館卒業後、美学校考現学研究室にて赤瀬川原平氏に師事。出版社勤務を経て、1989年の渡英以来、文筆業のかたわら、アンティークビジネス「Bebe's Antiques」も営業中。NHK文化センター、イギリス関連のイベントにて、講師も務める。主な著書に『スコーン大好き！』、『英国菓子 Lazy Daisy Bakeryのおいしい秘密』（小関由美×中山真由美）、『ベリーズティールームの本格紅茶と英国菓子レシピ』（小関由美×和田真弓）（いずれも誠文堂新光社）など、英国文化に関する多くの著作を執筆。

取材協力店

タイニートリア ティールーム

https://www.tinytoria.com/

ザ・ロイヤルスコッツマン

https://royalscotsman.jp/

ザ・クラッパム イン

https://theclaphaminn.com/

Lazy Daisy Bakery

https://www.instagram.com/lazydaisybakery/

アンティークティールーム マリッジ

https://mariage-tea.jp/

ホテルニューオータニ(東京) ガーデンラウンジ

https://www.newotani.co.jp/tokyo/

Bibury Tea Rooms & SCONEHOLIC OZASA

https://www.instagram.com/biburytearooms/

参考文献

『スープの歴史』ジャネット・クラークソン（原書房）
『英国菓子 Lazy Daisy Bakery のおいしい秘密』小関由美　中山真由美（誠文堂新光社）
『イギリスお菓子百科』安田真理子（ソーテック社）
『パイの歴史物語』ジャネット・クラークソン（原書房）
『ミセス・ギフォードのイギリスパイとプディング』ジェーン・ランザー・ギフォード（文化出版局）
『ケーキの歴史物語』ニコラ・ハンブル（原書房）
『ロイヤル・レシピ』ミシェル・ブラウン（筑摩書房）
『私の英国菓子』大原照子（柴田書店）
『イギリス菓子のクラシックレシピから』長谷川恭子（柴田書店）
『イギリス文化史』井野瀬久美惠 [編]（昭和堂）

STAFF

カバー・本文デザイン　小野口広子（ベランダ）
撮影　岡本譲治（p8, 11, 14, 19-23, 61, 62, 71, 74-81, 87, 90-93, 106-111, 120-128141-143、カバー）
中西ゆき乃（p32-37）
編集協力　大野由理

パンと菓子の専門誌『B&C』（株式会社パンニュース社）2018年 1-2月号～ 2024年 5-6月号に掲載されたものの一部を加筆・修正をして転載しています。

協力

株式会社パンニュース社
ジェオグラフィカ
レッドリボンズ
樋田もとこ（ハッピースカイベーカリー）
河合真由子（Mayu's Lab.）
渡邊恵子
ベリーズティールーム
ローズベーカリー
株式会社 MANGOS
安田真理子（Galettes and Biscuits）
坂下真理子（オフィスサカシタ）

四季《しき》を彩《いろど》る英国菓子《えいこくかし》とパン、ときどきアフタヌーンティー

英国食文化《えいこくしょくぶんか》から人気《にんき》ティールーム、パブのレシピまで

2024年5月20日　発　行　NDC596

著　　者　小関由美《こせきゆみ》
発 行 者　小川雄一
発 行 所　株式会社 誠文堂新光社
〒113-0033 東京都文京区本郷 3-3-11
電話 03-5800-5780
https://www.seibundo-shinkosha.net/
印 刷 所　株式会社 大熊整美堂
製 本 所　和光堂 株式会社

ISBN978-4-416-72305-0